Braun Maßgerechtes Bauen

Gerhard Braun

Maßgerechtes Bauen

Toleranzen im Hochbau

mit 63 Abbildungen und 30 Tabellen

Verlagsgesellschaft Rudolf Müller
Köln-Braunsfeld

Die in diesem Band abgedruckten Normblätter sind mit Genehmigung des Deutschen Normenausschusses wiedergegeben. Maßgebend ist die jeweils neueste Ausgabe des Normblattes im Normformat A 4, das bei der Beuth-Verlag GmbH, 1 Berlin 30 und 5 Köln, erhältlich ist.

ISBN: 3-481-10921-0

Umschlaggestaltung: Herbert Kurthen, Köln
Satz: Offset Satz Studio Klaus H. Loeffel, Köln
Druck und Einband: E. Freudenhammer, Bornheim-Sechtem
Printed in Germany

Inhalt

1. Einführung

1.1. Allgemein

Beim Bauprozeß ergeben sich Probleme durch Maßabweichungen von Bauteilen und des Bauwerks, die durch die Herstellung (induzierte Bautoleranzen) und durch die Maßveränderlichkeit aus Bewegung und den physikalisch-chemischen Formänderungen des Baustoffes (inherente Toleranzen) bedingt sind und sich auf die Passung der Bauteile und den Verwendungszweck des Bauwerks auswirken können. Die Aufgabe ist, diese Probleme so zu bewältigen, daß sie keinen Bauschaden verursachen und die Wirtschaftlichkeit nicht beeinträchtigen.
Die Erkenntnisse auf dem Gebiet des Bautoleranzen und Baupassungen sind verhältnismäßig neu. Erst die bautechnische Entwicklung und der Wandel im Bauprozeß in den letzten Jahrzehnten ließen es notwendig werden, daß nunmehr

a) Maß- und Lageveränderlichkeiten schon in der Planung analysiert und berücksichtigt werden müssen,
b) Bautoleranzen eindeutig spezifiziert werden müssen,
c) die Abmessungen, die Lage und die Form von Bauteilen und Bauwerken der Kontrolle während und unmittelbar nach der Herstellung unterliegen müssen.

1.2. Normung

Diese Bedingungen erfordern einheitliche Vereinbarungen für Bautoleranzen und Baupassungen. Die herstellungsbedingten Maßabweichungen sollen deshalb in den entsprechenden Normen behandelt werden. Zusätzliche Vereinbarungen für die inherenten Formveränderungen, die sehr stark orts- und objektgebunden sind, müssen zusätzlich vorgesehen werden, wenn die passungstechnischen Probleme insgesamt genügend Berücksichtigung finden sollen.
Es wird einleitend hervorgehoben, daß das Toleranzproblem ökonomisch nur dann zu bewältigen ist, wenn die Erkenntnisse und ihre technischen Folgerungen einer allgemein gültigen Toleranzen- und Passungsordnung zugrunde liegen, z. B. in Normen und Richtlinien, und durch vertraglich gesicherte Vereinbarungen in der Planung, bei der Vergabe von Bauarbeiten und bei der Herstellung beachtet werden können.

Für die Vorfertigung sind solche Toleranzvereinbarungen unentbehrlich geworden. Denn die früher am Bau übliche Regelung ,,Maße sind am Bau zu nehmen" ist allein aus passungstechnischen Gründen unmöglich. Für die konventionelle Baustelle des Hochbaues wirken sich Toleranzvereinbarungen inzwischen derart regulierend aus, daß Grund genug besteht, für das Bauwesen insgesamt – ebenso wie in der technischen Mechanik seit langem – Normen für Toleranzen zu verwenden.
Mit der Einführung der Normenreihen DIN 18201, DIN 18202 und DIN 18203, die im FNBau-Arbeitsausschuß ,,Bautoleranzen und Baupassungen" erarbeitet worden sind, ist der notwendige Schritt vollzogen worden. Ihre praktische Anwendung kann aber mancherorts noch Schwierigkeiten bereiten. Diese Schrift soll dazu verhelfen, das Allgemeinverständnis zu fördern und dem Baupraktiker die sinnvolle Beachtung von Bautoleranzen zu erleichtern.

Geltende Normen und Richtlinien:

DIN 18201	(Juni 1974), Maßtoleranzen im Bauwesen, Begriffe, Grundsätze, Anwendung, Prüfung.
DIN 18202	Maßtoleranzen im Hochbau.
Blatt 1	(März 1969), Zulässige Abmaße für die Bauausführung, Wand- und Deckenöffnungen, Nischen, Geschoß- und Podesthöhen.
Blatt 2	(Vornorm Juni 1974), Ebenheitstoleranzen für Oberflächen von Wänden, Deckenunterseiten und Bauteilen.
Blatt 3	(Vornorm Sept. 1970), Toleranzen für die Ebenheit der Oberflächen von Rohdecken, Estrichen und Bodenbelägen.
Blatt 4	(Juni 1974), Abmaße für Bauwerksabmessungen.
DIN 18203,	Blatt 1 (Juni 1974), Maßtoleranzen im Hochbau, Vorgefertigte Teile aus Beton und Stahlbeton.
ISO/DIS 1803	(1973), Toleranzenordnung für das Bauwesen – Begriffe.
ISO/DIS 3443	(Entwurf 1974), Toleranzenordnung für das Bauwesen, Grundsätze zur Wertbestimmung und Spezifikation.

Vorschlag zur ISO/DIS, Toleranzen im Bauwesen, Toleranzensystem.

Vorschlag zur ISO/DIS, Toleranzen im Bauwesen, Allgemeine Grundsätze.

Vorschlag zur ISO/DIS, Meßmethoden im Bauwesen, Vermessen und Messen.

2. Grundlagen

2.1. Begriffe

Die deutsche Normenarbeit auf dem Gebiet der Bautoleranzen und Baupassungen ist Anfang der fünfziger Jahre aufgenommen worden. Wissenschaftliche Grundlagen hierzu lagen noch nicht vor, auch keine allgemeinen praktischen Erfahrungen und erst recht nicht der allgemeine Sprachgebrauch über Bautoleranzen. So hat man sich anfangs an die schon fortgeschrittenen Erkenntnisse der technischen Mechanik gehalten. Der auf dieser Grundlage erarbeitete im November 1958 veröffentlichte Entwurf DIN 18201[1] fand in der Baupraxis noch wenig Beachtung.
In einer völligen Neubearbeitung ist diese DIN 18201 den Belangen des Bauwesens besser angepaßt und 1974 endgültig verabschiedet worden. Seit 1960 hatten sich auf internationaler Ebene im Unterausschuß ISO/TC 59/SC 4 „Toleranzen und Passungen" ebenfalls Initiativen entwickelt. Die von diesem Gremium erarbeitete internationale Norm ISO 1803[2] ist in der deutschen Sprachregelung ebenso zu beachten wie die deutsche Norm für die mechanische Technik, DIN 7182, Blatt 1[3]. In der für das Bauwesen gültigen deutschen Grundnorm über Bautoleranzen, DIN 18201, sind die Belange der internationalen Norm und die der Mechanik berücksichtigt worden. Im folgenden werden einige Hinweise zur Erweiterung des allgemeinen Verständnisses gegeben.

2.1.1. Abmessungen

Die von dem Architekten bzw. Bauherrn beabsichtigten Abmessungen des Bauwerks, seiner Einzelheiten und der Bauteile werden in den Bauzeichnungen eingetragen. Es sind die „geplanten Abmessungen". Es wird deshalb von „Planungsmaßen" gesprochen. In der Bautechnik werden dafür auch die Definitionen „Nennmaße" oder „Sollmaße" verwendet. In der DIN 18201 hat man sich auf „*Nennmaß*" geeinigt als die Kennzeichnung von Größe und Lage eines Bauteils oder Bauwerks, das in Zeichnungen eingetragen wird, vgl. Abbildung 1.

[1] DIN E 18201 (Nov. 1958), Maßtolerenzen im Hochbau, Begriffe, Grundlagen, Anwendung, Prüfung.
[2] Internationale Norm ISO/DIS 1803, Toleranzordnung für das Bauwesen – Begriffe, erste Ausgabe – 1973 – 11 – 01, VDU/CDU, 72.011 : 004.1.
[3] DIN 7182, Blatt 1 (Oktober 1971), Toleranzen und Passungen, Grundbegriffe.

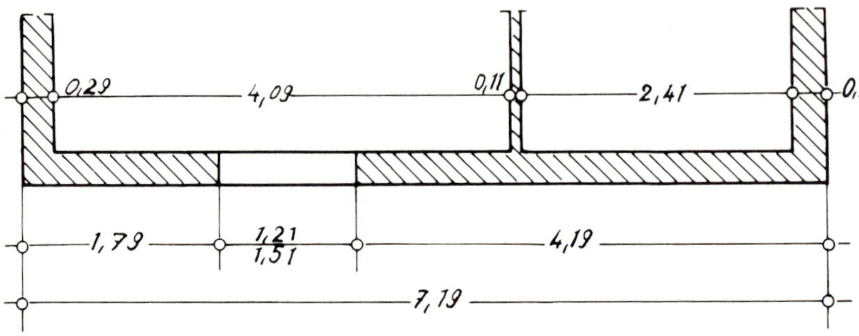

Abb. 1: Beispiele von Nennmaßen als Kennzeichnung von geplanten Abmessungen der Bauwerkseinzelheiten im Rohbau.

In Verbindung mit der Definition Nennmaß wird in DIN 18201 auch der Ausdruck *„Sollmaß"* erwähnt, gewissermaßen als Verbindung zu der ebenfalls gebräuchlichen Sprachregelung, aber auch als Hinweis auf ISO 1803, in der überall dort von Sollmaßen die Rede ist, wo ein Maß auf die Grenzmaße bezogen wird, auf das Maß, auf das die zulässigen Abweichungen bezogen werden. Das Nennmaß wird in ISO 1803 zur Kennzeichnung der Größe eines Bauteils verwendet.

In ISO 1803 wird außerdem auf „Herstellungsmaße" eingegangen: Das mit seinen zulässigen Abmaßen vorgesehene Maß für die Herstellung eines Bauteils, dessen „Istmaß" innerhalb dieser Abmaße unter den Bezugsbedingungen liegen muß. In diesem Zusammenhang wird auf das *„Werkmaß"* verwiesen. Diese Definition wird in der Norm 18201 erläutert als das für die Fertigung eines Bauteils vorgegebene, vom Nennmaß abgeleitete Maß. Es berücksichtigt die Toleranzen und ist mit der Toleranzangabe versehen, vgl. Abbildung 2.

Maßabweichungen lassen sich auf Flächen, Linien und Punkte beziehen, die nicht unbedingt mit den geplanten Abmessungen eines Gebäudes oder Bauteils übereinstimmen. In DIN 4172[4] ist z. B. vom „Baurichtmaß" die Rede als zunächst theoretische Maße, sie sind aber die Grundlage für die in der Praxis vorkommenden Baumaße. Sie sind nötig, um alle Bauteile planmäßig zu verbinden.

In DIN 18000[5] werden inzwischen weitere Begriffe verwendet, auf die sich Maßabweichungen beziehen können. Die Modulordnung behandelt „Bezugssysteme" zur Einordnung von Bauwerken und Bauteilen bei Planung, Herstellung und Zusammenbau mit den „Grundeinheiten" („Moduln") für Bezugssysteme, von denen sich die Abmessungen von Bauwerken und Bauteilen ableiten. Die Bezugssysteme sind

[4] DIN 4172 (Juli 1955), Maßordnung im Hochbau.

[5] DIN 18000, Modulordnung im Bauwesen,
Blatt 1(November 1973), Grundlagen,
Blatt 2 (Entwurf 1974), Begriffe,
Blatt 3 (Entwurf 1974), Anwendungsregeln.

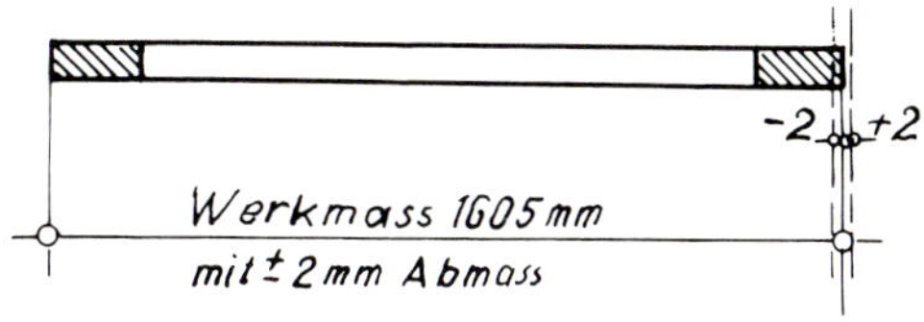

Abb. 2: Beispiel für das Werkmaß eines Blendrahmens.

nach DIN 18000 räumliche, rechtwinklige Koordinatensysteme, auf die Bauwerke und Bauteile bezogen werden. Sie müssen somit auch mit zulässigen Maßabweichungen in Verbindung gebracht werden können. Von den in DIN 18000 festgelegten Begriffen wird z. B. der „Koordinierungsraum" in der Erläuterung mit der Toleranz verbunden: Raum, der durch Koordinierungsebenen begrenzt ist und dazu dient, Bauteile unter Berücksichtigung der Fugen und Toleranzen aufzunehmen, vgl. Abb. 3.

In bezug auf Toleranzen muß betont werden, daß es die verschiedensten Bezeichnungen und Möglichkeiten zur Bestimmung von Abmessungen gibt (Nennmaße, Sollmaße, Werkmaße als Zielvorstellung der Realisierung; Baurichtmaße, Rastermaße als ideelle Planungshilfen), auf die sich die „zulässigen Maßabweichungen" beziehen können.

2.1.2. Maßabweichungen

Für das Verständnis von „Maßabweichungen im Bauwesen" sind die Grundbegriffe *„Toleranzen"* und *„Abmaße"* auseinanderzuhalten.

„Toleranz" wird nach DIN 18201 gekennzeichnet als Differenz zwischen dem Größtmaß und dem Kleinstmaß. Die Toleranz ist demnach die gesamte zulässige

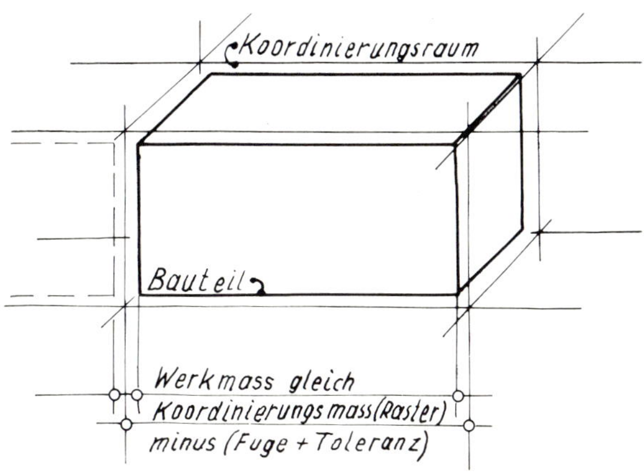

Abb. 3: Zuordnung eines Bauteils mit Hilfe vom Koordinierungsraum zu anderen Bauteilen.

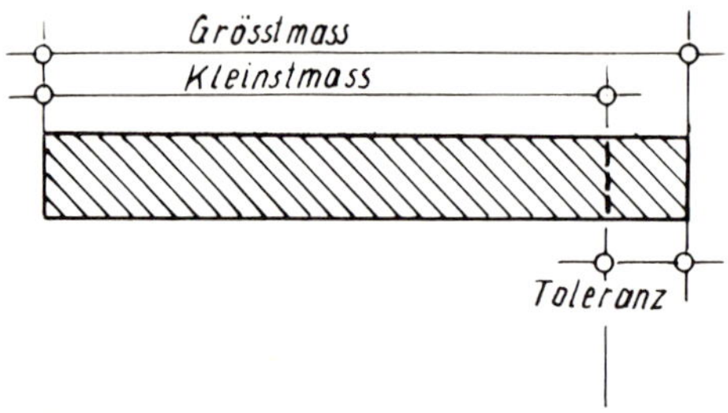

Abb. 4: Beispiel einer Toleranz für die Länge eines Bauteils.

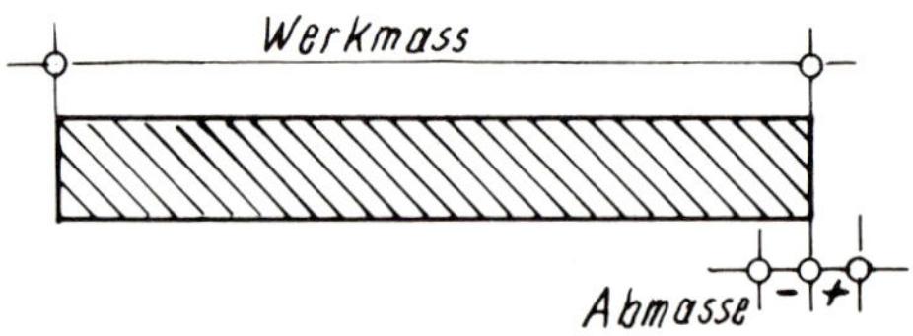

Abb. 5: Die Toleranz wird bei dem Bauteil, das mit Werkmaßen versehen ist, durch Abmaße ersetzt und allgemein mit gleichen Plus- u. Minus-Abmaßen auf die Werkmaße bezogen.

Abweichung von Bauteilen, Bauwerkseinzelheiten und Bauwerken. In ISO 1803 wird die Toleranz noch weitergehend als in DIN 18201 erläutert: Wegen nicht vermeidbarer Ungenauigkeit bei der Fertigung, beim Messen und bei der Montage können Bauteile und daher auch Bauwerke nicht uneingeschränkt den vorgegebenen Spezifikationen entsprechen. Das durch diese Ungenauigkeit entstandene Problem kann dadurch gelöst werden, wenn die geometrischen Angaben zwischen zwei zulässigen Grenzen liegen. Diese Differenz wird als „Toleranz" bezeichnet. Toleranzangaben sind ohne Vorzeichen (±) und absolut, vgl. Abb. 4.
Das in Abbildung 4 dargestellte Bauteil wird für die Herstellung mit dem „Werkmaß" versehen. Auf dieses Werkmaß wird die Toleranz in „Abmaße" aufgeteilt, vgl. Abb. 5. In DIN 18201 wird das „Abmaß" als Differenz zwischen dem „Istmaß" und dem Nennmaß oder Werkmaß definiert. In ISO wird ausführlicher erläutert: Differenz zwischen einem Maß oder einer Lage (Ist-, Grenz- etc.) und dem zugehörigen Sollmaß oder der zugehörigen Soll-Lage.
Das Abmaß läßt sich also auf verschiedene Bezugsebenen, -Linien oder -Punkte beziehen, z. B. auf die ideellen Baurichtmaße oder Rastermaße, auf Achsen, aber auch auf Nennmaße, Sollmaße und Werkmaße. Es ist immer mit Vorzeichen versehen, um die zulässige Minusabweichung und Plusabweichung von der geplanten Abmessung oder Lage zu kennzeichnen. Die Summe der Abmaße ergibt die Toleranz. In diesen Erläuterungen taucht die Bezeichnung *„Istmaß"* auf, das in DIN 18201 und ISO 1803 als das durch Nachmessung am Bauteil oder Bauwerk festgestellte Maß ist, wobei Meßfehler – denn auch beim Nachmessen sind Ungenauigkeiten nicht zu

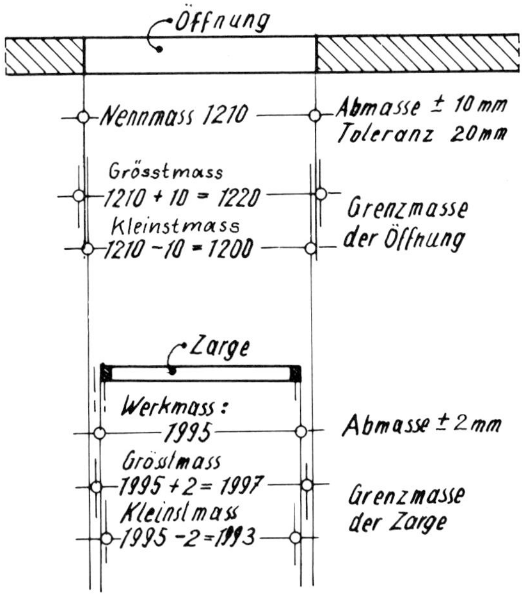

Abb. 6: Zuordnung und Definitionsbeispiel einer Passung gem. DIN 18201.

vermeiden – zu korrigieren sind. Meßfehler sind z. B. in der Beurteilung dadurch leicht zu korrigieren, wenn die Fehlergrenzen der Nachprüfung wesentlich kleiner gehalten werden als die Toleranzen der zu prüfenden Bauteile, beispielsweise Toleranz: 5 mm, Fehlergrenze der Prüfung: 0,1 mm.
Aus diesen Grundbegriffen lassen sich weitere Definitionen ableiten, z. B. gemäß DIN 18201:
Grenzmaß als zulässiges äußerstes Maß für das Istmaß,
Größtmaß als das obere Grenzmaß,
Kleinstmaß als das untere Grenzmaß,
oberes Abmaß als Differenz zwischen dem Größtmaß und dem zugeordneten Nennmaß oder Werkmaß.
unteres Abmaß als Differenz zwischen dem Kleinstmaß und dem zugeordneten Nennmaß oder Werkmaß, vgl. Abb. 6.
In der ISO 1803 werden noch mehr Definitionen angegeben, z. B. Punktabmaß, Toleranzbereich eines Punktes, u. a. Diese Definitionen sprechen aber für sich und bedürfen keiner weiteren Erläuterung. In der ISO 1803 werden aber auch Definitionen für Abmessungen und Bezugsgrößen festgelegt, die sowohl zum Verständnis für Bautoleranzen als auch für die Maßkoordinierung gem. DIN 18000 beitragen sollen. Sie laufen unter den Begriffen für Maßtoleranzen von zusammengesetzten Bauteilen und Bauwerken, wobei sowohl der Bereich der Bezugssysteme als auch die Beziehung der Fuge im Passungsspiel und der Bezug der Toleranzen zur Koordinierung im Bauwerk definiert wird. Diese Definitionen sind in DIN 18201 mit Absicht

nicht aufgenommen worden, weil sie zum Verständnis und zur Anwendung der Arbeitsblätter zur Anwendung und Vereinbarung von Toleranzen, die auf den Baustellen zu beachten sind, vgl. DIN 18202, Blatt 1 ff., nicht erforderlich sind.
Zur erweiterten Information dienen ISO 1803 und DIN 7182, Blatt 1. In DIN 7182, Blatt 1, der Norm für Toleranz-Grundbegriffe der mechanischen Technik, wird auch der Ausdruck „zulässige Abweichung" für eine bestimmte Aussage festgelegt, die mit der in diesen Erläuterungen verwendeten Ausdruckskraft nicht unbedingt übereinstimmt. Auch in DIN 18201 ist „zulässige Abweichung" nicht definiert worden. Sie soll nämlich als allgemeine Redewendung erhalten bleiben. „Abweichung" ist ein derartiger Oberbegriff, der durch keine Definition eingeengt werden sollte. Toleranzen und Abmaße sind in diesem Sinne „zulässige Abweichungen" in der für das Bauwesen zutreffenden Auslegung.

2.1.3. Systematik

Im Bauprozeß werden Maßabweichungen durch mehrere Vorgänge verursacht. Nur durch die Analyse sind die Ursachen feststellbar und höhere Genauigkeiten erzielbar.

2.1.3.1. Toleranzsystem

Das folgende Diagramm, das dem schwedischen Vorschlag für eine internationale Normung entspricht, zeigt eine Systematik der einzelnen Toleranzen in bezug auf die Herstellungsvorgänge beim Hochbau.

<table>
<tr><td>Abmessungstoleranzen
Richtungstoleranzen
Formtoleranzen</td><td>Gesamttoleranzen
der Bauteile</td><td rowspan="3">Gesamttoleranz
des Bauwerks</td></tr>
<tr><td>Lagetoleranzen
Richtungstoleranzen</td><td>Gesamttoleranzen
der Vermessung</td></tr>
<tr><td>Lagetoleranzen
Richtungstoleranzen</td><td>Gesamttoleranzen
für den Einbau</td></tr>
</table>

Gesamttoleranzen des Bauwerks, bzw. seiner Bauwerkseinzelheiten:

Bereich, innerhalb dessen Grenzen Bauwerke oder Bauwerkseinzelheiten (Punkt, Linie, Fläche, Körper) liegen sollen. Die Herstellungstoleranzen, die Toleranzen der Vermessung und der Montage ergeben in ihrer Summe die Gesamttoleranz, wobei aber zu beachten ist, daß Einbau- oder Montagetoleranzen zum Ausgleich von Herstellungstoleranzen beitragen können, daß dadurch die Summe der Herstellungstoleranzen und der Montagetoleranzen kleiner als die Herstellungstoleranzen sein können, z. B. durch Fugenausgleich, durch Ausnutzung von bündigen Seiten u. dgl.

Gesamttoleranzen der Bauteile:

Bereich, innerhalb dessen Grenzen ein Punkt, eine Linie oder eine Fläche eines Bauteils nach seiner Herstellung liegen soll. Die Toleranzen der Abmessungen, ihrer Richtungen und der Formen von Bauteilen ergeben die Gesamttoleranz der Bauteile. Nach einem dänischen Vorschlag werden die Toleranzen eines Bauteils insgesamt nach dem „Box-Prinzip" erfaßt als ein Raum, der die Toleranzen aufzunehmen hat.

Gesamttoleranzen der Vermessung:

Bereich auf der Baustelle, innerhalb dessen Grenzen ein Vermessungspunkt oder eine Vermessungslinie liegen soll. Die Vermessungstoleranz setzt sich aus der Lagetoleranz und der Richtungstoleranz zusammen.

Gesamttoleranzen für den Einbau (Montagetoleranzen):

Bereich im Bauwerk, innerhalb dessen Grenzen ein Punkt, eine Ecke, eine Linie oder eine Fläche eines Bauteils nach dem Einbau liegen soll. Jedes Bauteil hat innerhalb eines Bauwerks eine Nenn-(bzw. Soll-)Lage, die durch Vermessungspunkte oder Vermessungslinien auf der Baustelle und durch die geplante Form des Bauteils (Nenn-Form) bestimmt wird. Aus dieser Lage geht auch die Nenn-(Soll-)Lage eines jeden Punktes, einer jeden Linie oder Fläche des Bauteils hervor. Mit der Einbautoleranz (bzw. Montagetoleranz) wird der Bereich bestimmt, innerhalb dessen Grenzen der gegebene Punkt, die gegebene Linie oder Fläche des Bauteils liegen soll.
Die Lagen- und Richtungstoleranzen ergeben in der Summe die Gesamttoleranz für den Einbau.
In diesen Erläuterungen bedeuten:
„Abmessungstoleranz" die zulässige Abweichung der Ausdehnung des Bauteils in einer gegebenen Richtung wie Länge, Breite, Dicke, Höhe, Tiefe, Durchmesser.
„Richtungstoleranz" die zulässige Abweichung, die die Richtung einer Linie oder Fläche in bezug auf die Soll-Richtung bestimmt.
„Formtoleranz" die zulässige Abweichung von der vorgegebenen Form einer Linie oder Fläche.
„Lagentoleranz" die zulässige Abweichung von der vorgegebenen Lage eines Punktes, einer Linie oder Fläche.

2.1.3.2. Bezugssystem

Neben dem direkten Bezug von Bauteiltoleranzen auf seine Nennmaße oder Werkmaße lassen sich Bauteiltoleranzen nach dem Einbau auf Bezugsysteme, vgl. DIN 18000, Blatt 2, beziehen, die zur Koordinierung des Bauwerks dienen. Abbildung 7

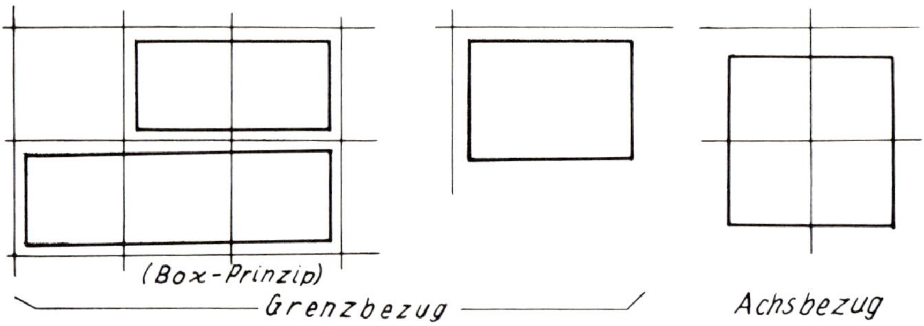

Abb. 7: Bezug von Bauteilen auf Bezugslinien.

zeigt die Möglichkeiten des Bezuges von Bauteilen auf Bezugslinien (Raster, Koordinaten).

2.1.3.3. Prüflisten

Die Vereinbarung von Toleranzen verfolgt u. a. bauwirtschaftliche Interessen. Man soll Toleranzen nur dort festlegen, wo es zur Zweckerfüllung des Bauwerks und zur Gestaltung erforderlich ist und darauf achten, daß der Material- und Arbeitsaufwand so niedrig wie möglich gehalten wird. Toleranzen sollen deshalb projektgebunden bleiben.
Unter diesen Voraussetzungen ist die Bestimmung von Toleranzen ein sich wiederholender Vergleich zwischen ausgleichenden Aufwendungen bei Anwendung von Toleranzen mit den Kosten bei Vernachlässigung von Toleranzen.
Eine Prüfliste erleichtert den Vergleich. Folgende Vorgänge bei der Planung und Baudurchführung rechtfertigen Überlegungen für Toleranzen:

a) In der Planung:
- Welche Genauigkeit ist für das Vermessen des Bauwerks erforderlich?
- Welche Genauigkeit erfordert das Niveau?
- Welche Toleranzanforderungen sind an das Bauwerk, an seine Einzelheiten und an die Bauteile zu stellen?
- Welche Festpunkte sind zur Überprüfung von Toleranzen einzuplanen?

b) Bei der Bauvorbereitung:
- Welche Fertigungs- und Montageverfahren ergeben Probleme für die Einhaltung von Toleranzen?
- Welche Überprüfungsmethoden sind zur Einhaltung der geforderten Genauigkeiten nötig? Vergleich zwischen geforderter und erreichbarer Genauigkeit.

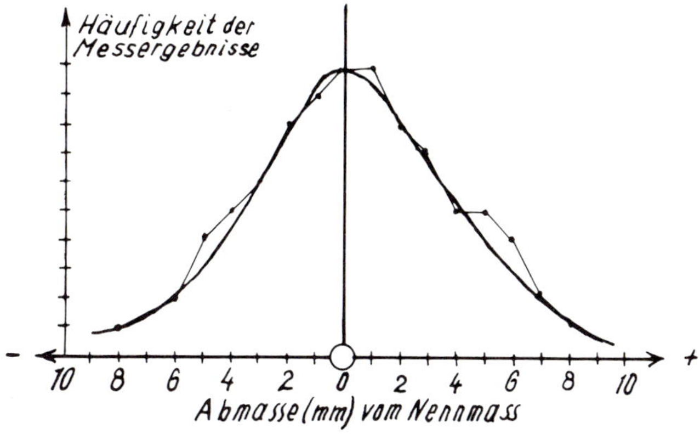

Abb. 8: Beispiel einer Maßstreuung von Bauteilen gleicher Herstellung.

- Welche Kontrolltätigkeiten mit welchen Kontrollgenauigkeiten sind erforderlich?
  Wenn Zulieferer eingeschaltet werden:
- Welche Genauigkeiten muß der Zulieferer einhalten?
- Wenn der Zulieferer nur bestimmte Genauigkeiten einhalten kann, welche Ausgleichsmöglichkeiten sind bei der Montage möglich?
- Oder sind neue Vereinbarungen zu treffen, eventuell andere Konstruktionsmöglichkeiten auszuschöpfen?

c) Herstellung
- Mit welchen Vermessungsmöglichkeiten sind die Anforderungen einzuhalten? Sind vielleicht genauere Instrumente zu wählen?
- Stimmen die Beziehungen der Genauigkeiten und Genauigkeitsklasse zwischen den ortsfesten Konstruktionen und den Einbauteilen?
- Wie hoch ist das Risiko einer eventuellen Ausbesserung?
- Sind die Toleranzforderungen des fertigen Bauwerks mit Normalanfertigungen möglich oder sind einzelne Bauteile und Bauwerkseinzelheiten nach den Genauigkeitsgruppen B oder C herzustellen?
- Wann und wo müssen Kontrollmessungen durchgeführt werden?
- Welche Bedingungen muß der Zulieferer einhalten und wie erfolgt die Kontrolle?

2.2. Mathematische Grundlagen

2.2.1. Gauß'sche Glockenkurve

In einer Toleranzordnung sollen die herstellungsbedingten Maßabweichungen ein ungestörtes Zusammenfügen der Bauteile ermöglichen. Das Bauwerk soll in seinen tatsächlichen Abmessungen den Planungsabsichten entsprechen.

Erleichtert wird die grundsätzliche Arbeit für die dafür erforderliche Toleranzenordnung dadurch, daß die Maßabweichungen den mathematischen Gesetzen der Wahrscheinlichkeit und der damit verbundenen statistischen Folgerungen unterliegen.
Die Häufigkeitsverteilung der Maßabweichungen streut bei gleicher Voraussetzung der Herstellung im allgemeinen nach der Gauß'schen Glockenkurve, vgl. Abbildung 8.
Die Glockenkurve wird durch den Mittelwert m der Streuung bezüglich der Lage zum Nennmaß und durch die Standardabweichung σ hinsichtlich zur mehr oder weniger weiten Verteilung der Streuung um m gekennzeichnet, vgl. Abbildung 9.
Zur Darstellung einer Maßstreuung ist deshalb die Angabe von mindestens zwei Kennwerten erforderlich:

1. Der Mittelwert m als Bezugspunkt zur Beurteilung der Lage eines Streuungsfeldes zum Nennmaß.
2. Der Streuungswert σ, der Auskunft über die enge oder weite Streuungsverteilung gibt.

Die Kennwerte für die Charakteristik der Maßstreuung einer Gesamtheit sind das arithmetische Mittel m und die Standardabweichung σ. Werden von einer Gesamtheit Stichproben genommen, so wird die Standardabweichung dieser Stichprobe mit s bezeichnet. Bei einer ausreichend großen Stichprobenanzahl wird $s \approx \sigma$.
Für die Berechnung von m und s gelten folgende Gleichungen:

$$m = \frac{\Sigma X_n}{n} \; ; \; s = \sqrt{\frac{(X_n - m)^2}{n - 1}} \approx \sigma$$

In den Gleichungen bedeuten
m = arithmetischer Mittelwert aller Istabmaße
x_n = positive und negative Istabmaße
n = Anzahl der Glieder einer Meßreihe

Diese Gleichungen sind nützlich, wenn durch Stichproben die Zulässigkeit einer Serie hinsichtlich der Maßgenauigkeit festgestellt werden soll. Das Größtmaß und das Kleinstmaß der Maßstreuung einer Gesamtheit werden dabei angenommen zu

$$m + 3\sigma$$
$$m - 3\sigma,$$

die ganze Spanne der Streuung beträgt dann

$$T = 6\sigma.$$

Die Grenzwerte der festgestellten Streuung $m \pm 3\sigma$ müssen innerhalb der für die Gesamtmenge bestimmten Toleranzen liegen.
Die Anzahl der innerhalb einer Stichprobe erforderlichen Kontrollmessungen kann dadurch verringert werden, daß Kontrollgrenzen gezogen werden, die enger als die Toleranzen sind. Dadurch ist es möglich, eine Anzahl von Überschreitungen der

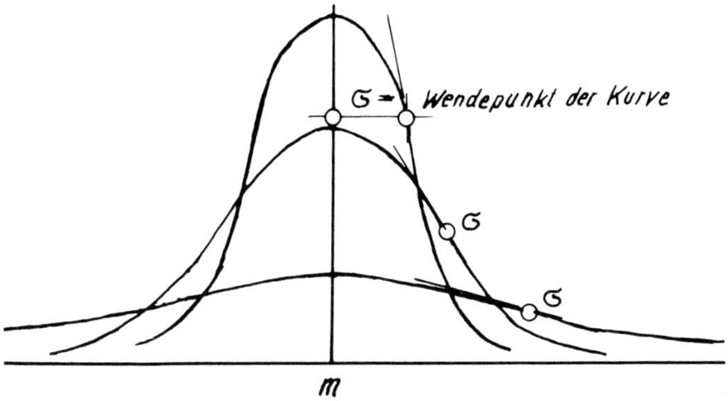

Abb. 9: Streubereiche verschiedener Herstellungsarten von Bauteilen.

Kontrollgrenzen zuzulassen, die im Verhältnis zur Größe der Stichprobe festgelegt werden, vgl. Abbildung 10. Diese vereinfachte Prüfung gibt allerdings auch bei positivem Ergebnis nicht die unbedingte Gewähr, daß einzelne Überschreitungen der Toleranzen nicht doch vorkommen. Aus wirtschaftlichen Gründen ist eine solche Überprüfung aber in der Regel ausreichend.

Werden z. B. Stichprobenmessungen für eine Serie von Bauteilen vorgenommen, deren Abmaße ± 15 mm betragen dürfen, so müssen rd. 95 % aller Stichproben innerhalb der Kontrollgrenzen von 2/3 x (± 15) = ± 10 mm und rd. 70 % aller Stichproben innerhalb der Kontrollgrenzen von 1/3 x (± 15) = ± 5 mm liegen.

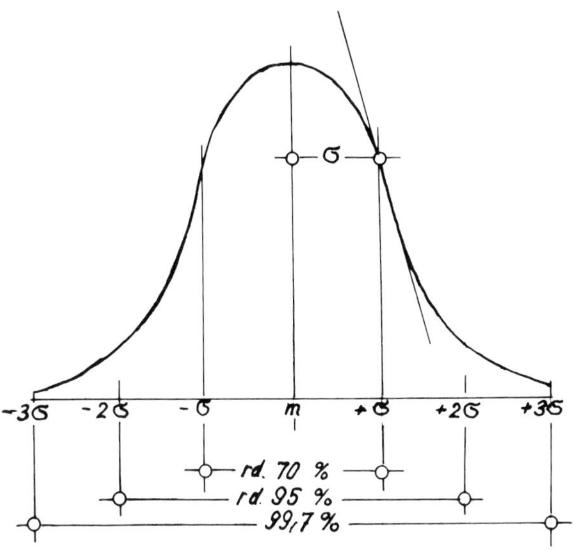

Abb. 10: Ausnutzung der Gauß'schen Fehlerverteilung für Kontrollgrenzen bei Stichprobenmessungen.

2.2.2. Berechnung von wirtschaftlich günstigen Passungen.

Mit Hilfe der Gauß'schen Normalverteilungskurve lassen sich auch die Toleranzen von wirtschaftlich günstigen Passungen für Bauteile errechnen[6].
Wenn man die Toleranzen oder Abmaße von Bauteilen in ihrer Reihung additiv berücksichtigt, führt das meist zu unwirtschaftlichen Konstruktionen. Es ist aber praktisch sehr unwahrscheinlich, daß die Grenzfälle der Bauteiltoleranzen, z. B. Größtmaß mit Größtmaß oder Kleinstmaß mit Kleinstmaß unter Berücksichtigung der o. g. mathematischen Gesetzmäßigkeit in einer Kette überhaupt zusammentreffen. Beim Fertigungsverfahren können deshalb oft größere Toleranzen für die Fertigungsserie vorgesehen werden, als es für den Endzustand des Bauwerks angegeben ist. Nach dem Fehlerfortpflanzungsgesetz hat der Endfehler einer Berechnung die gleiche Wahrscheinlichkeit wie die Einzelfehler, aus denen er ermittelt wird. Für Baupassungen bedeutet das, daß die Endtoleranz der Passung dieselbe Wahrscheinlichkeit hat wie die Toleranzen seiner einzelnen Glieder. Daraus ergibt sich, daß das Fehlerfortpflanzungsgesetz für Baupassungen in der folgenden Gleichung vereinfacht dargestellt werden kann:

$$T_P = \sqrt{T_1^2 + T_2^2 + T_3^2 \cdots T_n^2}$$

T_P = Passungstoleranz einer Reihe.

Wenn man Bauteile in einem maßkoordinierten Ordnungssystem einzuplanen hat, die Bauteile auf ein Bezugssystem mit Rasterräumen und Rasterschnittpunkten beziehen muß, so sind bei der Montage die Maßabweichungen der vermessenen Bezugslinien (z. B. die Raster) und die Toleranzen der Bauteile einschließlich der Montage zu berücksichtigen. Die Toleranzen der fertigen Abmaße lassen sich dann durch folgende Gleichung vereinfacht berechnen:

$$T_A = \sqrt{2 \cdot T_v^2 + 2 \cdot T_B^2}$$

T_A = Achsmaßtoleranz

T_V = Vermessungstoleranz

T_B = Bauteil-Montage-Toleranz

[6] *Dr.-Ing. habil Krell*, Dresden, formuliert z. B. die Anwendungsmöglichkeiten im Bauwesen wie folgt: Aus den Untersuchungen über Bautoleranzen ergibt sich,

a) das Auftreten der Gauß'schen Normalverteilungskurve in der Fertigung im Bauwesen und der Nachweis der berechtigten Anwendbarkeit der Gesetzmäßigkeit,
b) die Einführung von mathematischer Statistik und Wahrscheinlichkeitsrechnung in das Bauwesen zum Zwecke der Fertigungsbeurteilung,
c) Festlegung von Maßtoleranzen für die Fertigung von Bauteilen unter Berücksichtigung der Fertigungsanalysen auf mathematisch-statistischer Grundlage.

2.2.3. Bestimmung der Toleranzen von Bauteilen in Serienfertigung

Bei der Herstellung von Baustoffen und Bauteilen soll man vom Gesichtspunkt der Toleranzen zwei Gesichtspunkte auseinanderhalten:

a) Werden Bauteile jeweils als Einzelstück für einen vorher bestimmten Einsatz hergestellt (die sog. Einzelanfertigung) oder
b) werden Bauteile in Serienfertigung mit gleichen Abmessungen und mit gleicher Güteanforderung vorgefertigt, wohl für einen bestimmten Einsatz, aber auch für den Einbau an verschiedenen Objekten vorgesehen.

Im Falle a) gelten die Regeln der Einzelanforderung mit den Toleranzen bzw. Abmaßen, die in DIN 18202 und DIN 18203 angegeben sind und den passungstechnischen Voraussetzungen des jeweils infrage kommenden Einsatzes entsprechen müssen. Im Falle b) ist es aus wirtschaftlichen Gründen sinnvoll, die Möglichkeiten, die sich aus dem Fehlerfortpflanzungsgesetz ergeben, voll auszuschöpfen.

2.2.3.1. Häufigkeitsverteilungen

Die Maßabweichung von Bauteilen verteilt sich – wie erläutert – nach der Gauß'schen Glockenkurve. Ein exaktes Produktionsverfahren weist normalerweise einen engen Streubereich auf, vgl. Abb. 9. In der Baupraxis gibt es aber oft Häufig-

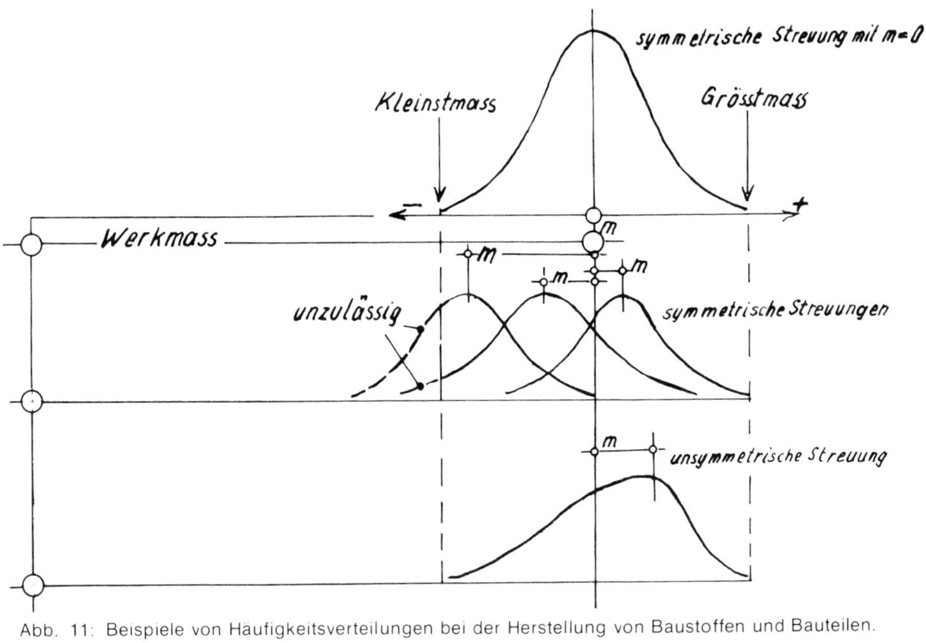

Abb. 11: Beispiele von Häufigkeitsverteilungen bei der Herstellung von Baustoffen und Bauteilen.

keitsverteilungen, die vom Werkmaß mit ihrem Mittelwert m abweichen, vgl. Abb. 11. Solche Streuungen entstehen z. B. dadurch, daß Schalsätze oder Maschinenaggregate beim Beginn einer Produktion „scharf" eingestellt werden, damit der Verschleiß, die Abnutzung, das Ausleiern o. a., möglichst lange zur „toleranzgerechten" Fertigung ausgenutzt werden kann. Man wählt also bewußt Streuungen mit einem Minus-m-Wert, um am Ende der Produktion einen positiven m-Wert zu haben, wobei die Gesamtstreuung noch innerhalb der Toleranz liegt. Das Passungsproblem wird hierbei so lange nicht kritisch, so lange nicht extreme, vielleicht noch gerade zulässige Fertigungskollektionen aufeinanderstoßen. Bei der Produktion von Baustoffen soll man deshalb die zulässigen Möglichkeiten nicht bis zur Grenze ausnutzen. Bei der Bauteilherstellung ist die symmetrische Streuung anzustreben, wobei unter Ausnutzung des Fehlerfortpflanzungsgesetzes wirtschaftliche Fertigungsverfahren anzustreben sind.
Unsymmetrische Streuungen entstehen aber auch dadurch, daß man Abweichungen nach einer Seite durch Zwangsmaßnahmen vermeiden will, z. B. durch den Einsatz von Lehren oder Anschlagsfestpunkten. Dadurch lassen sich manchmal noch Fertigungsmethoden mit einem hohen Streubereich verwenden, die sonst unbrauchbar wären, wenn ein unsymmetrischer Streubereich nicht ausgenutzt werden würde.

2.2.3.2. Kontrollen

Für jede serienmäßige Bauteilfertigung ist es ratsam, regelmäßige Fertigungskontrollen nach mathematisch-statistischen Methoden durchzuführen. Durch die Ermittlung von Istmaßen der gefertigten Bauteile ist ein objektives Bild über die Fertigung und gezielte Fertigungsvorstellungen möglich. Bei Verwendung der beschriebenen Berechnungsmethoden wird m der arithmetische Mittelwert der Istmaße einer Produktionsserie und s bzw. σ der Streuungswert.
Da derartige Überprüfungen aus wirtschaftlichen Gründen nicht an allen Bauteilen vorgenommen werden, erfolgt die Ermittlung für eine repräsentative Probenreihe n mit der Standardabweichung s dieser Stichproben.
Die Zulässigkeit von einer Anzahl von Probenmessungen in bezug auf die Gesamtproduktion hängt von den Rückschlußmöglichkeiten der Kennwerte der Proben (m, s) auf die Kennwerte der Gesamtproduktion (m, σ) ab. Die Unterschiede werden um so größer, je weniger Auswertungsergebnisse zur Verfügung stehen. Normalerweise sollten mindestens 50 Stichproben gleichmäßig aus einer Produktion verteilt zur Verfügung stehen.
Wenn Produktion und Montage nicht vom gleichen Unternehmer durchgeführt werden, sollen gegenseitige Kontrollvereinbarungen erfolgen und die Verantwortlichkeiten zwischen Auftraggeber, Auftragnehmer und Hersteller vereinbart werden. Die Kontrollvereinbarungen sollen folgende Informationen ermöglichen:

a) Angaben über die Vertragspartner (Firma, Art des Produktionsbetriebes, Adresse),
b) Angaben zum Produkt (Herstellungsverfahren, Herstellungsumfang, Verwendungszweck),
c) Kontrollverfahren, Datum der Kontrollen,
d) physikalische Bedingungen (Temperatur, Feuchtigkeit, Dehnungsverhalten usw.),
e) Meßergebnisse und ihre Beziehungen zu zulässigen Abweichungen.
f) Folgerungen bei Überschreitung der geforderten Genauigkeiten.

Die Kontrollen selbst sollen nur mit geeigneten Meßinstrumenten durchgeführt werden, deren eigene Fehlergrenzen bekannt sind. Infrage kommen Stahlmaßstäbe, Stahllineale, Nivellier-Glieder-Maßstäbe, Schieblehren, Meßkluppen, Meßbänder aus Stahl, Stahldreiecke, Stahlwinkel, Thermometer zur Registrierung der Temperatur, Hygrometer zur Feststellung der Luftfeuchte. Die Meßwerkzeuge sind turnusmäßig zu überprüfen und notfalls nachzueichen.

Die Überprüfung erfolgt in vorgedruckten Formularen, vgl. Abbildung 12, wobei alle Meßdaten enthalten und ihre Auswertung in Anweisungen beschrieben werden sollen. Bei Bauteilen ist es wichtig, daß sie in ihrer Gesamtform überprüfbar sind. Die Kontrolle der drei Dimensionen, Länge, Breite, Höhe, ist oft nicht ausreichend. Beim ,,Box-Prinzip'' werden auch Ebenheit und Rechtwinkligkeit einbezogen. Die Kontrollen erfolgen mit Winkeln und Lehren. Alle hierfür notwendigen Daten sollten in einem Formular erfaßtbar und auswertbar sein, um eine überschaubare Beurteilung zu ermöglichen.

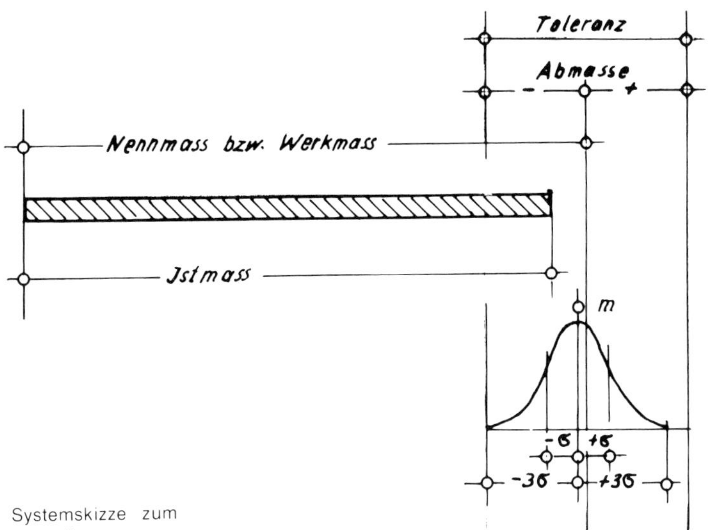

Abb. 12: Erläuternde Systemskizze zum Formblattmuster für Kontrollmessungen.

Muster eines Formblattes:

Datum der Herstellung: Datum der Messungen: Meßmethode:[1] Meßgeräte:[2]	Bauteil: Seriengröße: Anzahl der Stichproben:
Temperatur: Korrekturbeiwerte:	Luftfeuchte:

Abmessungen (mm) Nennmaße bzw. Werkmaße:		$l_1, l_2 \ldots$	$b_1, b_2, \ldots$	$d_1, d_2 \ldots$	Bem.
Abmaße:					
Istmaße/Istabmaße	1	/	/	/	
(mm)	2				
	3				
	4				
	.				
Anzahl der	.				
Messungen x_n	.				
ΣX_n					
$m = \frac{\Sigma X_n \text{ der Istmaße}}{n}$					
$(X_n - m)^2$					
$s = \sqrt{\frac{(X_n - m)^2}{n - 1}}$					
$3\,s \approx 3\,\sigma$					

[1] mit Angabe der Meßunsicherheit
[2] mit Angabe der Fehlergrenze

2.2.3.3. Bestimmung der Toleranzen

Bauteile brauchen in vielen Fällen nicht mit den Genauigkeitsklassen der aus ihnen herzustellenden Bauwerke übereinstimmen. Nach dem Fehlerfortpflanzungsgesetz ist die Wahrscheinlichkeit der Einzeltoleranzen maßgebend. Das bedeutet, daß man nicht nur durch die Ausgleichsmöglichkeiten der Montage und der Passungen (Fugen) das Bauwerk genauer herstellen kann, als es aus der additiven Methode nach dem Genauigkeitsgrad der Einzelteile möglich wäre.
Der mittlere Streubereich einer Produktion ist mit für den Genauigkeitsgrad der aus ihnen hergestellten Bauwerksabschnitte maßgebend. Der Hersteller von Bauteilen ist also in der Lage, bei Vorgabe der Bauwerkstoleranzen und der Passungsspiele den Genauigkeitsgrad der Fertigung zu ermitteln und das Risiko eines Ausschusses einzukalkulieren. Denn die Häufigkeit der Abmaße einer Produktionsserie verteilt sich, wie erläutert, nach der Gauß'schen Normalverteilungskurve. Etwa 95 % aller Abmaße treten dabei im Bereich von $\pm 2\sigma$, vgl. Abb. 10, auf. Der Rest liegt in den äußeren Bereichen von $\pm 2\sigma$ bis $\pm 3\sigma$. Das ist auf jeder Abmaßseite rd. 2,1 % der Produktionsserie, das heißt, daß von 23 hergestellten Bauteilen ein Bauteil im äußeren Bereich von $\pm 3\sigma$ liegt, bzw. ein Bauteil von 46 Bauteilen größer als + 2 ist. Zur Bestimmung des Risikos für das Zusammentreffen der Extremfälle dürfte eine solche Rechnung wichtig sein.
Bei der additiven Methode errechnet sich die Wahrscheinlichkeit für das Auftreten aus der Summentoleranz in einem Grenzbereich als Produkt aus der Anzahl der Summenglieder gemäß der Wahrscheinlichkeit eines jeden Grenzbereiches. Bei Toleranzketten mit zwei Maßen bedeutet das, daß auf 2170 Passungen eine Passung mit Bauteilen der äußeren entgegengesetzten Abmaße im äußeren Toleranzfeld zusammentreffen. Durch Abweichungen vom Mittelwert (m) und durch unsymmetrische Streuuung führt diese Annahme aber evtl. zu einer zu kleinen Risikoeinschätzung. Aber selbst bei der Annahme von 10 % in einem äußeren Sechstel der Streukurve trifft der Fall des Zusammentreffens der Extremfälle erst etwa bei 1000 Passungen ein.
Krell[7] stellt nun fest, daß die Toleranzspanne für die Produktion von Bauteilen unter Beachtung einer sechsfachen Standardabweichung (T= 6) des Gauß'schen Fehlerfortpflanzungsgesetzes nach der Formel in Abschnitt 2.2.2. bewertet werden kann. *Krell* erläutert weiterhin, daß bei zwei Einzelteilen die Toleranzen und die ihrer Passungen als Katheten und als Hypothenusen eines rechtwinkligen Dreiecks zugeordnet werden können ($a^2 = b^2 + c^2$). Sind die Toleranzbereichteile gleich T', so ist die Passungstoleranz Tp' = 1,414 x T'. Bei der Additionsmethode müßte man dagegen mit 2 x T' rechnen. Für vier Teile ergibt sich eine Passungstoleranz von

[7] *Krell*, Regeln für die Toleranzanwendung bei Baupassungen, Die Bautechnik 4/9, 1962.

$T_p = 2 \times T'$. Wird eine Passungstoleranz auf zwei gleich große Toleranzen aufgeteilt, so ergibt sich hierfür

$$\frac{T_p}{\sqrt{2}} = 0{,}7071 \; T_p$$

Nach der Additionsmethode müßte man dagegen für jedes Einzelteile 0,5 Tp einhalten. Bei der Aufteilung von Tp auf vier gleiche Toleranzen darf jedes Einzelteil 0,5 Tp erhalten, bei der Additionsmethode wären es 0,25 Tp.
Ist es z. B. erforderlich, bei gegebener Paßtoleranz (Tp) die Genauigkeiten der einzelnen Teile zu ermitteln, so läßt es sich nach folgender Formel durchführen:

$$T_p = c \sqrt{\sum_1^n (T^0 1,2,\ldots)^2}$$

$$c = \frac{T_p}{\sqrt{\sum_1^n (T^0 1,2,\ldots)^2}}$$

c ist der für die Genauigkeit zu bestimmende Faktor, meist 1.
$T^0 1,2, \ldots$ sind die fertigungsüblichen Genauigkeiten.

Als Beispiel:

Bei einer Kette von Bauteilen gibt es Einzelabmessungen von 4,50 m, 5,00 m und zwei von 1,60 m. Wie groß muß die Paßtoleranz sein?
Nach DIN 18203, Blatt 1:

bei 1,60 m ± 8 mm	$T^0 1,2 = 16$ mm	$(..)^2 = 256$
bei 4,50 m ± 9 mm	$T^0 3 = 18$ mm	$(..)^2 = 324$
bei 5,00 m ± 10 mm	$T^0 4 = 20$ mm	$(..)^2 = 400$

$$T_P = \sqrt{512 + 324 + 400} = 35 \text{ mm} = \pm 17{,}5 \text{ mm}$$

(Nach der Additionsmethode wären dagegen 70 mm = ± 35 mm zu berücksichtigen!)

2.2.3.4. Beispiele

Normalerweise werden aber nach den vorgegebenen Bauwerksverhältnissen die zulässigen Abweichungen der Bauteile bestimmt.

Beispiel 1

Bei einer Großtafelbauart aus Stahlbeton sollen die Abmaße der Plattenbreiten festgestellt werden. Gegeben ist folgendes:

Größte Längenausdehnung des Gebäudes bis zu den Längsdehnungsfugen *30,00 m*, Breite der Geschoßtafeln *3,00 m, 3,60 m und 4,20 m*. Die Stoßfugen der Platten sollen mit einer Dichtungsmasse geschlossen werden, die bis zu 25 % Dehnung der Nenndicke aufnehmen darf. Die Abmaße für die Gebäudelänge betragen bei 30 m ± 21 mm, nach DIN 18202, Blatt 4, Genauigkeitsgruppe A.

Zur Bestimmung der Fugenbreite werden folgende Voraussetzungen festgelegt: Wärmedehnungszahl des Stahlbetons 0,012 mm/m, Nach dem Einbau der Fertigteilplatten 0,2 mm/m für ein nachträgliches Schwinden und späteres Quellen. Mittlere Betontemperaturen der Außenwandplatten bei jahreszeitlichen und täglichen Temperaturschwankungen zwischen −10 °C und +50 °C. Montage der Platten bei Temperaturen etwa zwischen 10 °C und 30 °C.

Die inherente Längenänderung beträgt dann bei 30 m Wandlänge bis zu (0,012 · 60 + 0,2) · 30 = 27,6 mm.

Bei 8 Stoßfugen auf 30 m Wandlänge beträgt die Veränderlichkeit einer Fugenbreite 27,6 : 8 = 3,44 mm.

Die Veränderlichkeit in einer Richtung kann sein bis zu ([0,012 · 40 + 0,2] · 30) : 8 = ± 2,55 mm.

Wird für die Stahlbetonfertigteilplatten nach DIN 18203, Blatt 3, die Genauigkeitsgruppe A gewählt, sind für jede Platte ± 8 mm Abmaße zulässig. Die möglichen Abmaße einer Nennfugenbreite errechnen sich nach dem Fehlerfortpflanzungsgesetz zu

$$T_{FP} = \pm \frac{\sqrt{(2 \cdot 21)^2 + (8 \cdot 8)^2}}{8 \cdot 2} = \pm 4{,}7 \text{ mm.}$$

Bei diesen möglichen Abmaßen ist es erforderlich, keine zu engen Fugen anzuordnen. Es wird eine Fugenbreite von 15 mm vorgeschlagen. Die Kleinstfuge kann dann 15 – 4,7 = 10,3 mm, die Größtfuge 15 + 4,7 = 19,7 mm ausfallen. Bei der Kleinstfuge darf die Stauch- und Dehnfähigkeit der Fugenmasse bis zu 25 % · 10,3 = 2,5 mm betragen, so daß die mögliche nachträgliche Veränderlichkeit noch keine Überbeanspruchung der Fugenmasse ergeben wird.

Bei einer Nennfuge von 15 mm reicht also die Genauigkeitsklasse A für das Gebäude und seine Bauteile aus Stahlbetongroßtafeln aus.

Bringt die Genauigkeitsgruppe B für die Stahlbetongroßtafeln dadurch wirtschaftliche Vorteile, daß schmalere Fugen z. B. 10 mm breit gewählt werden können, um dadurch Fugenmaterial einzusparen?

Bei der Genauigkeitsgruppe B betragen die Abmaße für die Tafeln ± 5 mm.

$$T_{FP} = \pm \frac{\sqrt{(2 \cdot 21)^2 + (8 \cdot 5)^2}}{8 \cdot 2} = \pm 3{,}6 \text{ mm.}$$

Die Kleinstfuge beträgt dann 10 – 3,6 = 6,4 mm, die Größtfuge 10 + 3,6 = 13,6 mm. Die Dehnfähigkeit der Fugenmasse darf dann höchstens 25 % · 6,4 = 1,6 mm betragen. Selbst wenn auch die Abmessungen des Gebäudes in diesem Falle Abmaße der

Genauigkeitsgruppe B (bei 30 m Länge ± 16 mm) aufweisen sollen, genügt eine Nennfuge von 10 mm nicht den Anforderungen an die Dehnfähigkeit der Fugenmasse:

$$T_{FP} = \pm \frac{\sqrt{(2 \cdot 16)^2 + (8 \cdot 5)^2}}{8 \cdot 2} = \pm 3{,}2 \text{ mm; Kleinstfuge } 10 - 3{,}2$$

= 6,8 mm; Dehnfähigkeit der Fugenmasse 25 % · 6,8 = 1,7 mm < 2,55 mm.
Aus diesem Beispiel ist ersichtlich, daß allein aus den inherenten Formänderungen des Stahlbetons bei einer Großtafelbauart die Fugen mit plastischen Dichtungsmassen mindestens 15 mm breit sein sollen. Hierfür genügt die Genauigkeitsgruppe A für das Gebäude und die Platten. Eine höhere Genauigkeit ergibt keine Ersparnisse beim Dichtungsmaterial der Fuge.

Beispiel 2

In einem Raum von 6,015 m lichter Nennbreite und gemäß DIN 18202, Blatt 4, mit Abmaßen nach der Genauigkeitsgruppe A mit Abmaßen von ± 12 mm soll eine Zwischenwand aus Betonplatten mit 1,185 m Plattenbreite (Rastermaß 1,20 m mit 1,5 cm breiten Fugen) eingesetzt werden.
Ist nach DIN 18203, Blatt 1, für die Wandtafeln aus passungstechnischen Gründen die Genauigkeitsgruppe A mit ± 8 mm Abmaßen oder die Genauigkeitsgruppe B mit den höheren Anforderungen von ± 5 mm zu wählen? Aus dem Berechnungsansatz nach dem Fehlerfortpflanzungsgesetz ergibt sich:
für die Genauigkeitsgruppe A

$$T_p = \sqrt{(2 \times 12)^2 + (5 \times 8)^2} = \sqrt{2176} = 46{,}6 \text{ mm.}$$

Auf jede Fuge entfällt 46,6 : 6 = 7,8 = ± 3,9 mm.
Für die Genauigkeitsgruppe B

$$T_p = \sqrt{(2 \times 12)^2 + (5 \times 5)^2} = \sqrt{1201} = 34{,}7 \text{ mm.}$$

Auf jede Fuge entfällt 34,7 : 6 = 5,8 = ± 2,9 mm.
Das Fugenspiel vollzieht sich
bei der Genauigkeitsgruppe A:
(15 ± 3,9) zwischen 11,1 und 18,9 mm,
bei der Genauigkeitsgruppe B:
(15 ± 2,9) zwischen 12,1 und 17,9 mm.
Der Unterschied zwischen der Genauigkeitsgruppe A und B ist nicht groß genug, um die Genauigkeitsgruppe B zu fordern. Bei einer Nennfuge von 15 mm läßt sich das Fugenspiel zwischen 11 mm und 19 mm technisch bewältigen.

Beispiel 3

Mit welchem Fugenspiel ist bei einer Nennfugenbreite von 10 mm zu rechnen, wenn bei einer 4,00 m langen Wand die Abmaße in der Länge ± 10 mm betragen dürfen und bei den verwendeten 49 cm langen Hohlblocksteinen ± 4 mm Abmaß zulässig sind?

$$T_p = \sqrt{(2 \times 10)^2 + (7 \times 4)^2} = 34{,}4 \text{ mm.}$$

auf jede Fuge: 34,7 : 7 = 4,92 = ± 2,46 mm Abmaß.
Das Fugenspiel wird voraussichtlich zwischen 7,5 mm und 12,5 mm liegen.

3. Maßabweichungen und Passungen auf der Baustelle

3.1. Vermessung

Der Grad der erreichbaren Genauigkeit für ein Bauwerk und für seine Einzelheiten nimmt seinen Ausgangspunkt mit der Genauigkeit, die beim Vermessen und Anlegen des Bauwerks eingehalten werden kann. Die erzielbaren Meßgenauigkeiten sind vom Meßverfahren und von den Meßgeräten abhängig. Mit der konventionellen Art des Gebäudeanlegens: mit Schnürbock, Latte, Schnur, Bandmaß, Wasser- oder Schlauchwaage sind meßtechnische Ungenauigkeiten bis zu ± 3 cm bei normal großen Gebäuden, vgl. Abb. 13, keine Seltenheit.

Bauwerke mit erhöhten Genauigkeitsanforderungen sollten stets von meßtechnisch geschulten Fachleuten vermessen und während der Herstellung überwacht werden. Mit Hilfe moderner Vermessungsgeräte und Kontrollverfahren ist der Ver-

Abb. 13: Schnurgerüst zum Einmessen von Bauwerkseckpunkten.

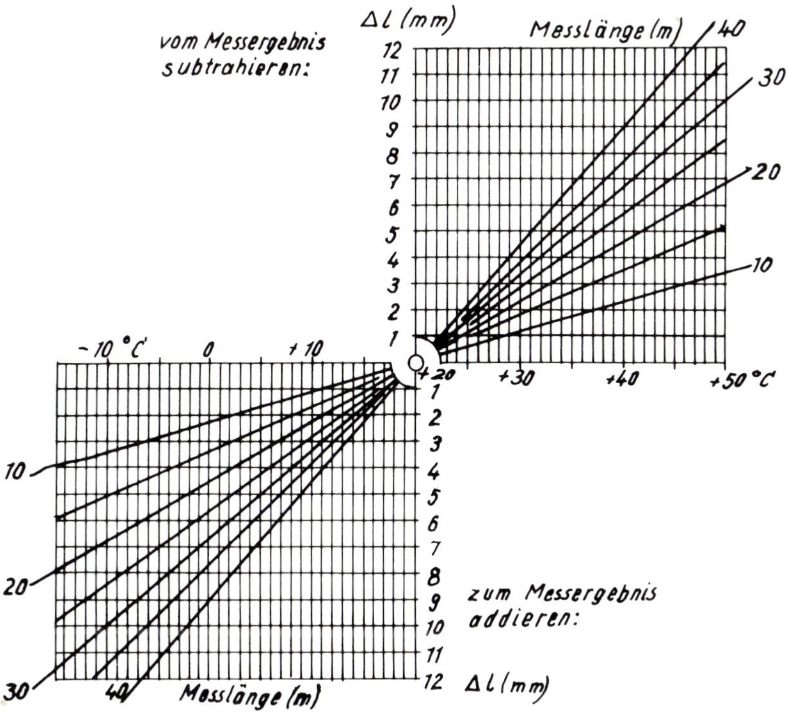

Abb. 14: Korrekturdiagramm für Stahlbandmaße bei unterschiedlichen Temperaturen.

messungsingenieur durchaus in der Lage, ein Bauwerk so genau wie erforderlich anzulegen, z. B. die Endpunkte von Brückenauflagern selbst bei den größten Brükkenlängen auf ± 1 mm. Es ist nur eine Frage des Aufwandes und der Kosten. Man sollte deshalb im Stadium der Planung den Vermessungsingenieur hinzuziehen, um das entsprechend wirtschaftlich vertretbare Meßverfahren einzusetzen und auch, um die vom Vermessungsingenieur vorgegebenen Maßnahmen schon in der Planung zu berücksichtigen.
Ein Leitfaden für praktische Meßverfahren auf der Baustelle ist vom Schwedischen Bauforschungsinstitut im Rahmen der CIB/FIG-Forschungsberichte erarbeitet worden[8]. Anweisungen für das Maßanlegen werden in den DDR-Standards[9] gegeben. Die AGI hat in ihren Arbeitsblättern[10] Meßverfahren und Meßgeräte mit den ihnen anhaftenden Meßunsicherheiten zusammengestellt.

[8] National Swedish Building Research, Measuring practice on the building site, Document D9: 1973, CIB Report 29, Svensk Bygtränst, Box 1403.11184 Stockholm.
[9] TGL 12862, Maßtoleranzen im Bauwesen, Maßanlegen, Meßverfahren, zulässige Maßabweichungen.
[10] Arbeitsgemeinschaft Industriebau e.V. (AGI), TU Braunschweig, Industriebau, Maßtoleranzen, Meßverfahren und Meßgeräte, Arbeitsblatt M1, Beiblatt.

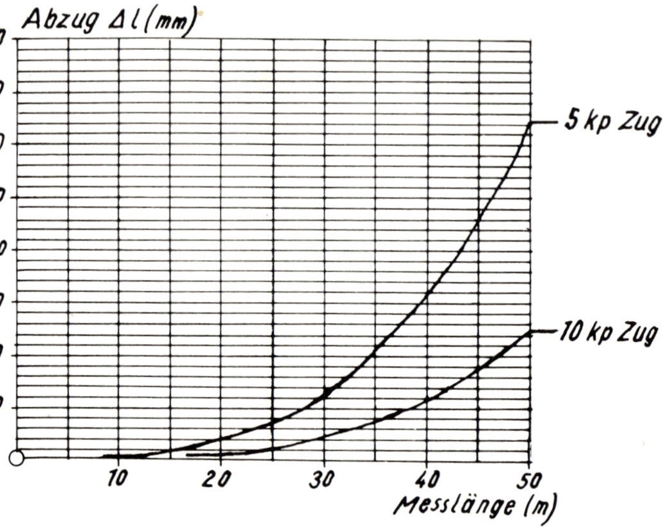

Abb. 15: Korrekturdiagramm bei freiem Durchhang von Stahlbandmaßen.

3.1.1. Meßgeräte

Grundsätzlich sind nur geeichte Meßgeräte zu verwenden. Die Fehlergrenze[11] eines Meßgerätes ist die äußerste zulässige gerätebedingte Abweichung von der Sollanzeige. Sie soll für jedes Meßgeräte bekannt sein. In der „Meßunsicherheit" sind die Fehlergrenzen und solche Abweichungen enthalten, die bei normaler Verwendung des Gerätes schon berücksichtigt sind. So kann im allgemeinen die Abweichung von der Eichtemperatur vernachlässigt werden.

Für Längenmessungen soll auf jeder Baustelle wenigstens ein geeichtes Stahlbandmaß (gem. DIN 6403) vorhanden sein, das auch zur Korrektur der auf der Baustelle nicht geeichten Längenmeßgeräte verwendet werden kann. Das Bandmaß soll Millimeterteilung haben. Bei extremen Temperaturen sollen Längenkorrekturen vorgenommen werden, vgl. Abb. 14. Auch die Durchbiegungen sind zu berücksichtigen, vgl. Abb. 15. Bei großen Längenmessungen sind Zwischenmarkierungen durch andere Meßverfahren durchzuführen.

Nach den o. g. Arbeitsblättern der AGI (Arbeitsgemeinschaft Industriebau e. V.) sind für Längen- und Höhenmessungen mit folgenden Fehlergrenzen und Meßunsicherheiten zu rechnen:

[11] Vgl. DIN 1319, Grundbegriffe der Meßtechnik.

Für Längenmessungen	Meßlänge	Fehlergrenze mm	Meßunsicherheit mm
Schieblehre mit Nonius (DIN 862)	20 cm	± 0,07	± 0,1
Stahlmaßstab (DIN 6401)	1 m	± 0,15	± 0,2
Strichmaßstab (DIN 866)	1 m	± 0,10	± 0,5
Arbeitsmaßstab II	2 m	± 0,15	± 0,5
Gliedermaßstab aus Holz (Zollstock)	je 1 m	± 1,00	± 2,0
Meßlatten aus Holz	4 m	± 1,00	± 2,0
Bandmaß aus Stahl (DIN 6403)			
bei + 20° C (Wärmedehnzahl)	je 10 m	± 1,2	
dehnzahl: 11,5 x 10^{-6} und	20 m	± 2,2	± 5,0
5 kp Zugbelastung)	50 m	± 5,3	± 10,0

Für Höhenmessungen	Fehlergrenze mm/	Meßunsicherheit mm
Nivelliergeräte (DIN 18 724)		
Klasse 2	2 mm/km	
Klasse 3	8 mm/km	
Klasse 4	20 mm/km	
Nivellierlatte mit Strichteilung DIN 18 717	± 0,03 mm/m	
Nivellierlatte mit Felderteilung DIN 18 703	± 0,50 mm/m	
ohne Umsetzen des Gerätes (Sichtweite max. 50 m)		± 2,0
mit Umsetzen des Gerätes		± 3,0
Schlauchwaage ohne Umsetzen		± 2,0
Schlauchwaage mit Umsetzen		± 3,0
Wasserwaagen:		
Richtwaage für den Maschinenbau		
DIN 877 Klasse II	0,2–0,4 mm/m	
Klasse III	0,4–0,8 mm/m	
Baustellenübliche Wasserwaagen		
aus Holz oder Klasse III	0,4–0,8 mm/m	
Metall Klasse IV	0,8–1,6 mm/m	
Höhenmessung mit Richtscheit		
aus Holz und ohne Umsetzen		± 2,0
Wasserwaage mit Umsetzen		± 3,0

Meßhilfsgeräte		Fehlergrenze mm
Stahllineal nach DIN 874	Länge 1 m	± 0,025
	Länge 4 m	± 0,085
Richtscheit aus Holz	Länge 2 m	± 0,50
Richtlatte (Setzlatte)	Länge 4 m	± 1,00
Stahlwinkel (DIN 875) Schenkellänge bis 1 x 2 m		± 0,12 mm/m

3.1.2. Vermessungsgenauigkeit

Die Gesamttoleranz des fertigen Bauwerks gliedert sich, wie in Abschnitt 2.1.3.1. dargelegt, in Gesamttoleranz für die Vermessung, Gesamttoleranz der Bauteile und Gesamttoleranz für den Einbau. Die Vermessungstoleranz kann deshalb nur einen Teil der ganzen vereinbarten Toleranz ausmachen. Ihr Anteil an der Gesamttoleranz für das fertige Bauwerk wird bei üblichen Meßverfahren mit zunehmender Meßpunktentfernung bzw. Bauwerksgröße größer.
Nach den Forderungen der DIN 18201, Abschnitt 2, sollte auch die Meßungenauigkeit nach den drei Genauigkeitsgruppen A, B und C abgestuft werden, wobei die Anforderungen der Genauigkeitsgruppe A für alle Bauwerke gelten soll, bei denen keine höhere Genauigkeit an die Fertigung gestellt wird. Für die Genauigkeitsgruppe B und C sollte das Vermessen stets von Vermessungsingenieuren durchgeführt werden.
Das Vermessen geschieht meistens durch Punktmarkierungen. Die Abweichungen streuen deshalb in einem bestimmten Radius und sind als Abmaße gekennzeichnet. Bei Einhaltung der DIN 18202, Blatt 4, dürften den Abmaßen für das Vermessen folgende Werte zukommen:

Genauigkeitsgruppe:	Abmaße (mm): Abstand zwischen den Markierungen (m): Zwischenwerte sind zu runden bei geradliniger Interpolation					
	bis 4 m	10 m	25 m	50 m	100 m	über 100 m
A	± 5	± 10	± 15	± 20	± 30	± 35
B	± 2	± 5	± 10	± 15	± 15	± 15
C	± 1	± 3	± 5	± 10	± 10	± 10

In einer Ausarbeitung des Schwedischen Normeninstitutes für das Bauwesen, die für die internationale Normung empfohlen wird, werden folgende Anleitungen gegeben:
Die größten Ungenauigkeiten (Unterschied zwischen eingemessenen Werten und Sollwerten) von Meßstrecken und Winkeln sollen beim Anlegen von Geländefestpunkten nicht größer sein als:

Meßstrecken $L < 0{,}75 \sqrt{L}$ (mm),

Winkeln $L < 0{,}05 \sqrt{L}$ (in Grad $\approx 0{,}8\sqrt{L}$ (mm).

Bei Winkeln ist L die kürzere Meßstrecke. L wird in Metern eingesetzt, das Ergebnis als zulässige Ungenauigkeit in Millimetern angegeben.
Für Bauwerksfestpunkte empfiehlt der schwedische Vorschlag, daß die Ungenauigkeit (Unterschied zwischen eingemessenen und überprüften Werten) von einer überprüften Meßstrecke zwischen einem Geländefestpunkt und einem Gebäudefestpunkt nicht mehr als $K\sqrt{L}$ (mm) betragen darf, wobei L nach folgenden Genauigkeitsgruppen eingestuft wird

Genauigkeits-gruppe	K	Beispiele für die Anwendung
1	2	für Bauwerke, Brücken u.a.
2	5	für Erdarbeiten mit normaler Anforderung an die Genauigkeit, z.B. für Straßen, Rohrleitungsgräben usw.
3	10	für Erdarbeiten mit geringerer Anforderung an die Genauigkeit, z.B. für das grobe Anlegen von Gruben, usw.

Wenn L kleiner als 4 m ist, soll die Ungenauigkeit 2 K (mm) sein.
Für Markierungen werden folgende Angaben gemacht:
Niveaugenauigkeiten (Unterschied zwischen eingemessenen und geprüften Werten) zwischen zwei Markierungspunkten im Bauwerk:

a) 10 mm bei offiziellen Gebäudemarkierungen mit einer Hauptmarkierung,
b) 5 mm bei zwei Hauptmarkierungen im selben Grundsystem,
c) 5 mm bei Übersetzung von einer Hauptmarkierung zu weiteren Gebäudemarkierungen (z. B. auf Eckpunkte),
d) 3 mm bei zwei Gebäudemarkierungen im selben System, wenn der Niveauunterschied nicht mehr als 3 m ist,
e) 1 mm je Meter bei zwei Gebäudemarkierungen im selben System, wenn der Niveauunterschied größer als 3 m ist.

Zulässige Höhenunterschiede zwischen Gebäudemarkierungen und dem Geländeniveau und zwischen zur Prüfung angelegten Niveaumarkierungen gilt folgende Aufstellung:

Genauigkeitsgruppe	Zwischen-Gebäudemarkierung und Gebäudefestpunkte (mm)	Geländeniveauunterschiede (mm)	Beispiele der Anwendung
1	3	4	für Bauwerke, Brücken, usw.
2	8	12	für Erdarbeiten mit normaler Anforderung
3	20	30	für Erdarbeiten mit geringer Anforderung

Für Überprüfungen Meßstrecken $L < 2 \quad L$ (mm)

Winkel $L < 0{,}15 \quad L$ (in Grad)

$\approx 2{,}4 \quad L$ (mm).

Die Systematik der für das Vermessen erforderlichen Markierungen hat das Schwedische Normeninstitut für das Bauwesen im Zusammenhang mit den oben dargelegten Vorschlägen für zulässige Vermessungsungenauigkeiten ausgearbeitet, die in der Systemskizze gemäß Abb. 16 dargestellt ist.

3.1.3. Vermessen

Für das Anlegen von Bauwerken und Bauwerksteilen sind folgende Gesichtspunkte erwähnenswert:
Die Lage eines Bauwerks wird normalerweise schon durch die zuständige Behörde bestimmt und bei der Grundstücksvermessung auf Grenzmarkierungen bezogen. Einer von solchen Markierungspunkten, möglichst der für das geplante Bauwerk am günstigsten gelegene, soll der Ausgangspunkt für die Gebäudetoleranzen sein und vom Architekten, Bauherren und Unternehmer gemeinsam anerkannt werden. Dadurch werden die Vermessungsungenauigkeiten, die sonst einzukalkulieren sind, für das Bauwerk von vornherein ausgeschaltet. Diese Markierung ist für das Bauwerk dann der absolute Festpunkt mit ± 0 mm Abmaß.
Wenn solche Geländemarkierungen nicht gegeben sind oder das Bauwerk nach

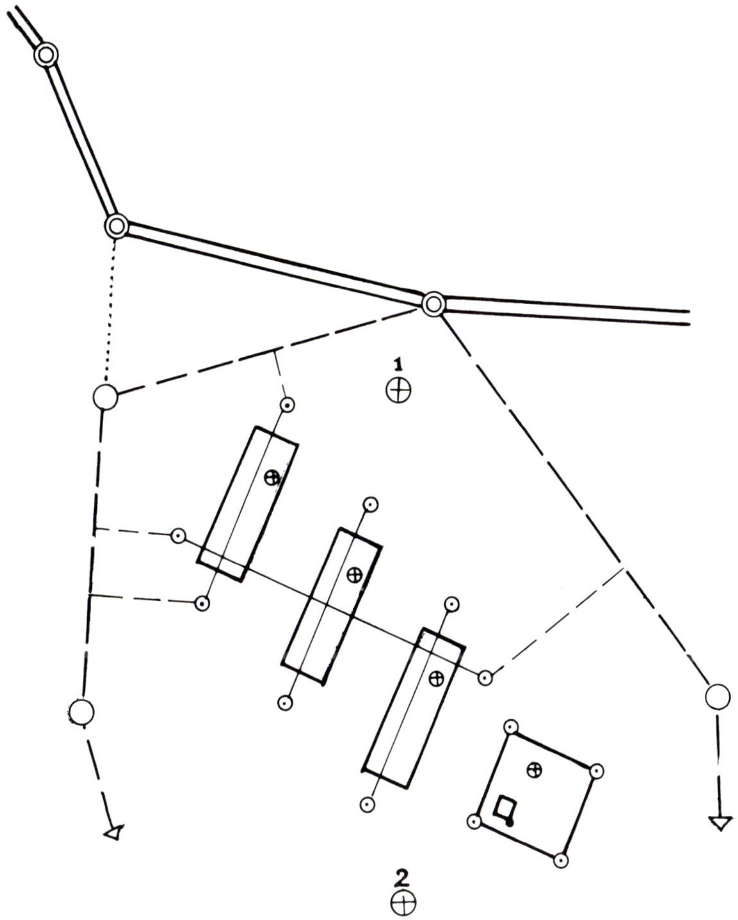

Abb. 16: Systemskizze zur Erläuterung der Definitionen von Vermessungsmarkierungen.

- ● Detailmarkierung. Markierung eines bestimmten Gebäudedetails (z. B. Ecke des Treppenhausniveaus),
- ⊙ Vermessungspunkte des Gebäudes, z. B. Ecken des Gebäudes, bzw. zur Festlegung von Fluchten und Höhen,
- ⊕ die für alle Vermessungspunkte des Gebäudes verbindlichen Festpunkte,
- ○ Geländefestpunkte der Vermessungstrasse,
- ⊕ der für alle Vermessungen von mehreren Gebäuden verbindliche Festpunkt,
- ◎ Anschlußfestpunkte an die öffentliche Vermessung.

dem Lageplan vermessen wird, sollte einer von den Gebäudefestpunkten hierfür ausgewählt werden.

Die Eckpunkte von Gebäuden werden am besten durch Schnittlinienmessungen oder durch Fluchtlinienbestimmung festgelegt. Bei der Methode der Schnittlinienmessung werden zwei Theodolite verwendet, vgl. Abb. 17.

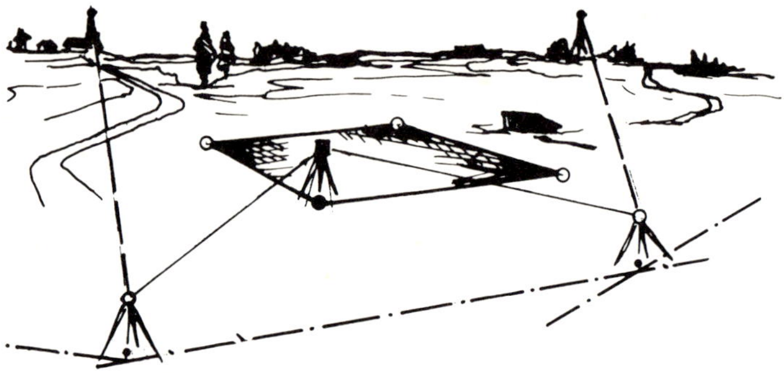

Abb. 17: Vermessen mit Schnittlinien.

Jeder der Theodolite wird über einem vorher bestimmten Vermessungspunkt aufgestellt. Der einzumessende Punkt liegt im Schnittpunkt der beiden Ziellinien. Aber auch hierbei entstehen schon Meßunsicherheiten. Deshalb ist als Ausgangspunkt für die Toleranzenkontrolle am Bauwerk nur ein Eckpunkt als absoluter Nullpunkt [± 0 mm Abmaß) zu vereinbaren.
Dieser Nullpunkt kann auch im Gebäude liegen. Man soll von diesem Punkt aus möglichst ohne viele Umwege die kritischen Stellen des Bauwerks anvisieren und kontrollieren können. Sind Markierungspunkte für die Kontrolle nicht anpeilbar, müssen für die Hilfszwischenpunkte die Meßunsicherheiten des Messens zusätzlich berücksichtigt werden. Die Abmaße werden dann nach den Maßen vom Nullpunkt über die Meßhilfspunkte beurteilt.
Beim Anlegen von Bezugspunkten im Gelände für die spätere Einnivellierung des Bauwerks ist darauf zu achten, daß die Entfernung vom Niveau bis zum Nivillierstab nicht mehr als 60 m betragen soli. Die Markierungspunkte müssen fest und frostsicher angelegt sein. Wünschenswert ist es, die Festpunkte so anzulegen, daß sie auf der verlängerten Fluchtlinie von Außenkanten des Bauwerks liegen.
Im Hinblick auf die später erforderlichen Genauigkeitswerte für Lotpunkte zum Bauwerk sollen die Festpunkte von der äußeren Bauwerkskante mindestens zwei Drittel der Bauwerkshöhe entfernt liegen, Abb. 18.

Wenn die Fundamente bzw. die Fundamentplatte fertiggestellt ist, kann eine Feinvermessung der Eckpunkte des Gebäudes mit Hilfe von zwei Theodoliten erfolgen. Zu diesem Zeitpunkt ist es auch erforderlich, Markierungspunkte für die Nivellierung innerhalb des Gebäudes anzulegen, vgl. Abb. 19 und Abb. 20.

An den Außenseiten der Fundamente oder der Kellerwände werden Markierungen angebracht, um danach die aufsteigenden Bauwerksteile auszurichten, vgl. Abb. 21.

Die ebene und senkrechte Ausrichtung von Gebäudeteilen, wie Stützen, Wände, Decken soll über eingelassene Höhenbolzen vorgenommen werden, die gleichzeitig Festpunkte für die jeweiligen Geschosse sein können. Für die spätere Kontrolle

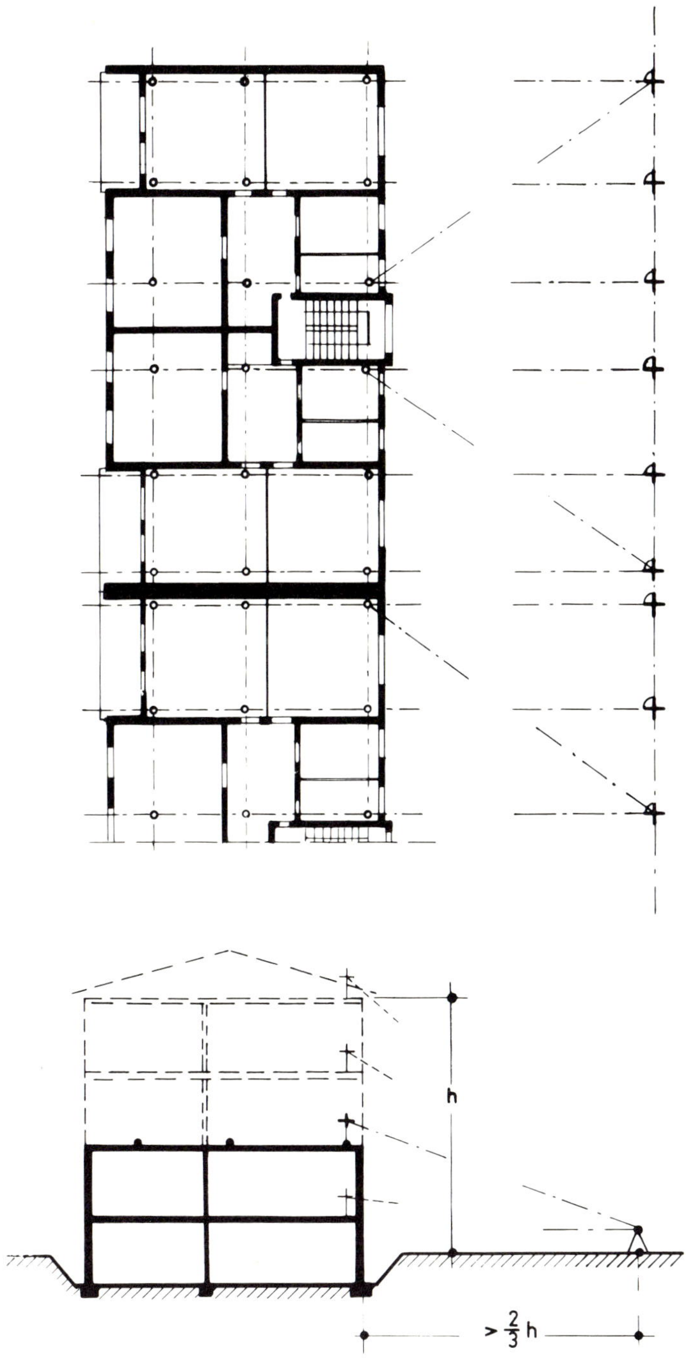

Abb. 18: Lage des Vermessungspunktes zum Gebäude.

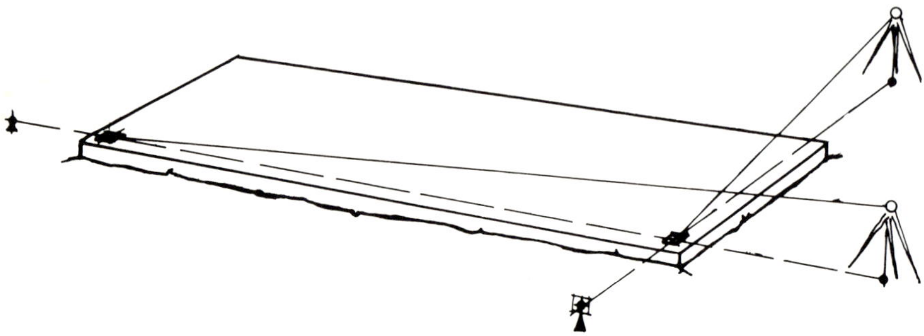

Abb. 19: Genaue Absteckung nach Herstellung der Fundamentplatte.

ist es wichtig, solche Markierungsbolzen bis zur Fertigstellung und eventuellen Kontrolle zugänglich zu lassen. Ihre Lage ist so anzuordnen, daß von dort aus leicht Hilfslinien und Hilfspunkte als Meßhilfen verwendet werden können. Die Übertragung von Hilfslinien auf die nächst höheren Geschosse läßt sich mit Theodoliten mittels Parallelverschiebung gemäß Abb. 18 durchzuführen. Bei der senkrechten Ausrichtung ist der Theodolit mit prismatischem Okular eine wichtige Hilfe. Sie kann durch Öffnungen in den Geschoßdecken durchgeführt werden, vgl. Abb. 22.

3.1.4. Kontrolle

Nach DIN 18201, Abschnitt 6, soll die Einhaltung der Abmaße bzw. Toleranzen nur geprüft werden, wenn es technisch erforderlich ist oder Unstimmigkeiten auftreten. Bei Unstimmigkeit ist die Prüfung so früh wie möglich durchzuführen, um die last- und zeitabhängigen Maßabweichungen auszuschalten, spätestens jedoch bei der Übernahme durch den Folgeunternehmer bzw. bis zur Bauabnahme.
Bei Maßkontrollen von Bauwerkseinzelheiten ist es wichtig, auf die o. g. Markierungspunkte zurückzugreifen. Manchmal ist es auch notwendig, für bestimmte Teile im Bauwerk besondere Genauigkeiten vorzuschreiben. Dann ist es zweckmäßig, die Vermessungskontrollpunkte so anzuordnen, daß von dort aus nicht nur eine leichte Kontrolle, sondern vorher auch ein besonders genaues Anlegen und Herstellen ermöglicht wurde. Der eingangs erwähnte Vermessungsnullpunkt kann dann z. B. in diesem Bereich, auch im Gebäudeinnern liegen.
Wenn die Kontrolle nur für Teilbereiche des Gebäudes erforderlich ist, so gelten hierfür nur die für diese Teilbereiche zulässigen Maßabweichungen, z. B. für die Ebenheit von Flächen nur die Ebenheitstoleranzen, oder für Öffnungen nur die Abmaße der Öffnungen. Bei der Überprüfung von einzelnen Raumabmessungen gelten ebenfalls nur die hierauf bezugnehmenden Maße. Dadurch lassen sich für bestimmte Bereiche im Bauwerk höhere Genauigkeiten fixieren, die für sich allein ohne Bezug zum Vermessungsbezugspunkt des Gebäudes zu beurteilen sind,

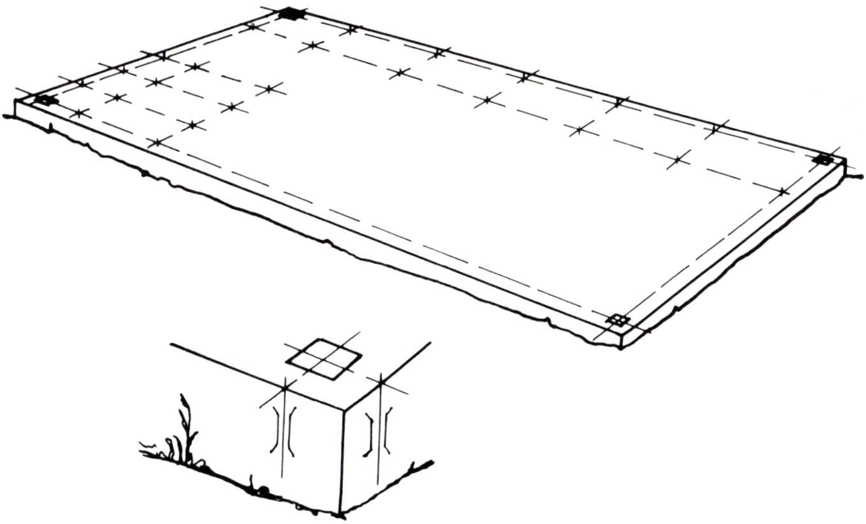

Abb. 20: Modifizierungspunkte und -linien für Details des Bauwerks auf der Fundamentplatte

Abb. 21: Beispiel von Markierungspunkten am Kellermauerwerk.

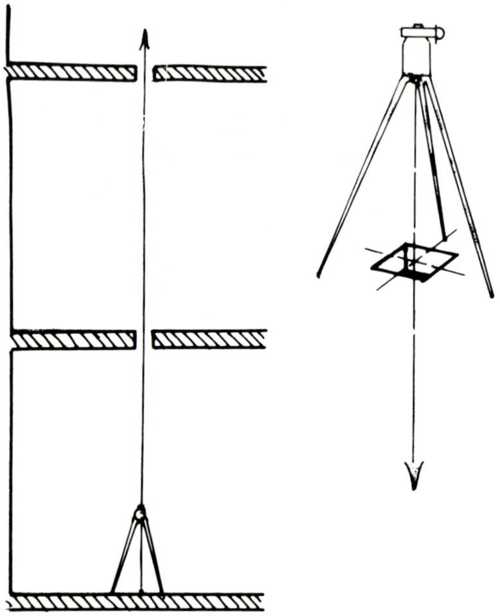

Abb. 22: Senkrechte Ausrichtung mit optischem Lot oder Theodoliten.

selbst wenn für das Bauwerk insgesamt andere Maßabweichungen zulässig sein sollten, oder für Bauwerksmaß zum Bezugs- und Nullpunkt die Addition von Einzeltoleranzen infrage kommt. Das gilt z. B. für die lichten Öffnungen und Höhenlagen von Fahrstuhlschächten, für lichte Raumhöhen von Fluren u. a.
So können auch einzelne Räume aus dem Zusammenhang heraus in ihren Abmaßen kontrolliert und bewertet werden, vgl. Abb. 23. Die Räume sollten dabei möglichst in drei Ebenen überprüft werden. Zusätzlich ist die Ebenheit von Wand und Decke durch Stichmaße zu überprüfen. Die Kontrolle der Ebenheit soll möglichst in der selben Höhe wie die Raummaßkontrollen erfolgen. Dadurch erhält man einen Gesamtüberblick des Raumes, besonders dann, wenn die Rechtwinkligkeit durch Diagonalkontrollen überprüft wird. Der Raum wird im Kubus erfaßt – im sog. Box-System –, der für die Funktionsfähigkeit bei Einbauten (Einbaumöbel, Zwischenwände u. a.) wichtig ist.
Zur Feststellung von Ebenheitstoleranzen muß entweder ein Nivellement durchgeführt werden oder man kontrolliert die Ebenheit mit Richtlatte und Stichmaß. Diese Überprüfung wird häufig vom Nachfolgeunternehmer für Unterböden vorgenommen. Für Bodenbeläge wird oft Millimetergenauigkeit gefordert, so daß die Ablesegenauigkeit bei der Überprüfung höher sein sollte, z. B. $^{1}/_{10}$ mm. Ein einfaches Hilfsmittel hierfür ist der Meßkeil, dessen Wirkungsweise in Abbildung 25 dargestellt ist.

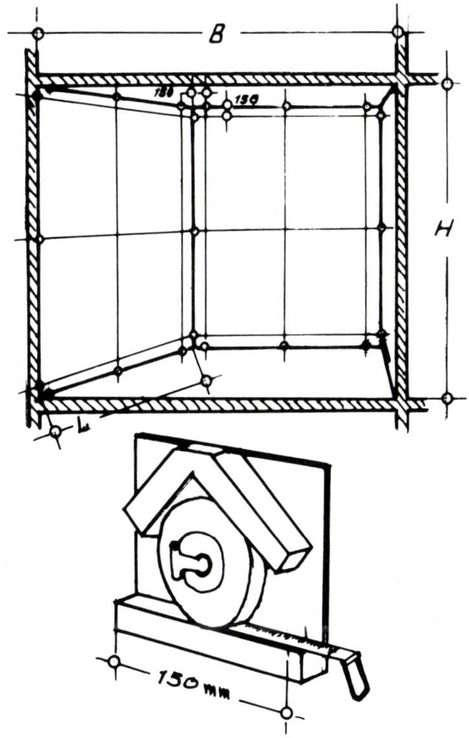

Abb. 23: Kontrollmeßverfahren nach englischen Vorschlägen für Raumabmessungen

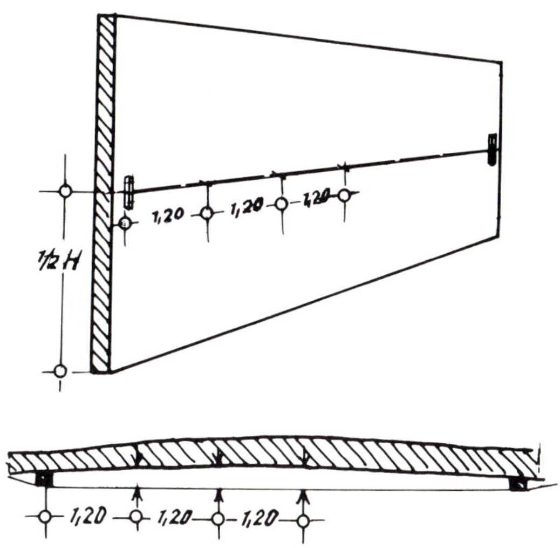

Abb. 24: und Fluchten.

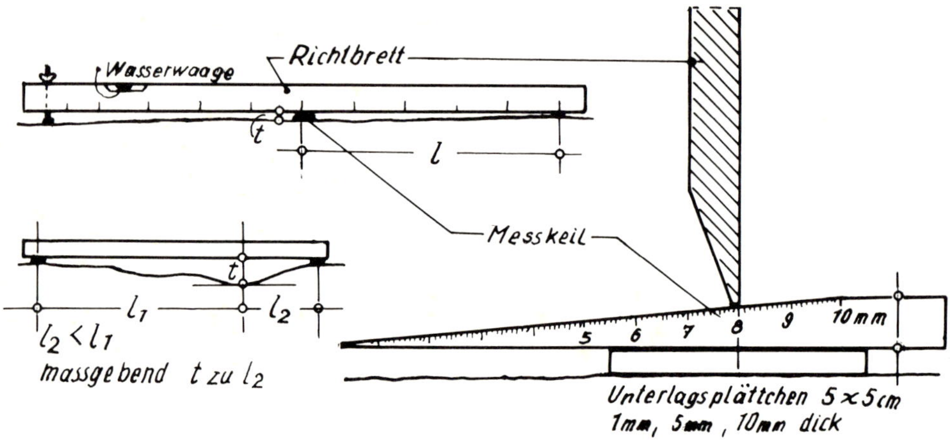

Abb. 25: Prüfung von Decken- und Bodenbelagsflächen durch Richtbrett und Meßkeil.

Zur Überprüfung von Öffnungstoleranzen wird in DIN 18202, Blatt 1, auf Hilfswinkel und Hilfslinien hingewiesen, die auf den fertiggestellten Bauteilen aufgezeichnet werden sollen. Eine genauere Prüfmethode ist aber das Nivellement, bei der die Ungenauigkeit des Auftragens ausgeschaltet wird. Bei einer größeren Serie gleicher Öffnungen lassen sich auch Kontrollmeßlehren gemäß Abbildung 26 einsetzen. Die einmalige Anfertigung kann mit der erforderlichen Sorgfalt erfolgen, sodaß die Überprüfungen genauer sein können als das örtliche Aufmaß.

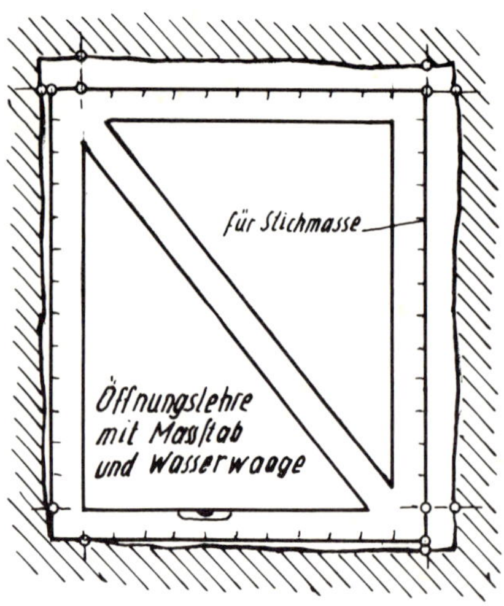

Abb. 26: Öffnungslehre zur Überprüfung von Öffnungsmaßabweichungen.

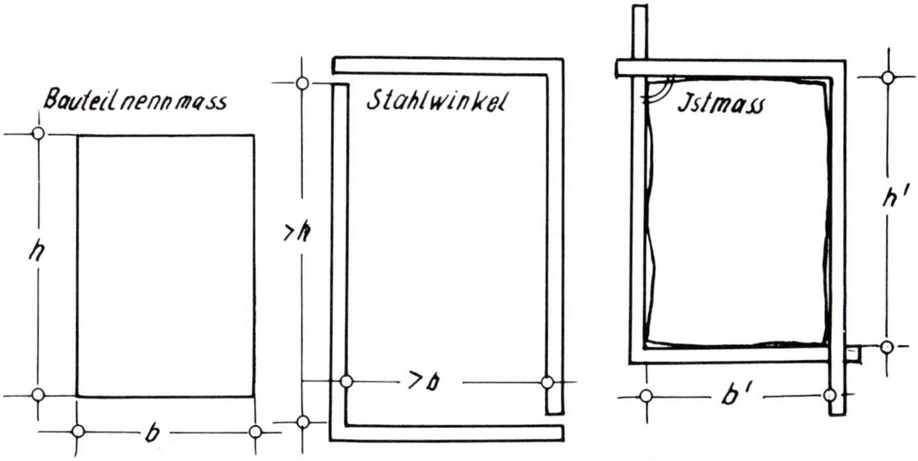

Abb. 27: Schublehre und Stahlwinkel zur Überprüfung von Maßabweichungen von Bauteilen nach dem Box-System.

Die Kontrolle von Baustoffen und Bauteilen erfolgt mit Schieblehre, Stahlmaßstab, Stahlwinkel und Stahlbandmaß. Hierbei gilt es, Maß-, Winkel-, Kanten- und Flächengenauigkeiten mit möglichst wenig Messungen zu erfassen. In Abbildung 27 ist eine Methode mit zwei verschiebbaren Stahlwinkeln gezeigt, mit ihnen werden die Abmessungen und Ebenheiten in einem Arbeitsgang erfaßt.

3.2. Rohbautoleranzen

Eckpunkte von Bauwerken lassen sich fast mit der Präzision des Vermessens anlegen. Das Ausfüllen (z. B. Hochmauern) aber ist zusätzlich mit der Fertigungsungenauigkeit verbunden.

Jede ortsfeste Herstellung ist vom toleranztechnischen Gesichtspunkt aus als Einzelfertigung zu betrachten. Die Regeln der mathematischen Fehlerverteilung gelten hierbei nicht für Vereinbarungen zulässiger Maßabweichungen. Erst beim Ausbau (Anpassen, Montieren) lassen sich gegenseitig (ortsfeste Herstellung/Einpassen der Ausbauteile) die Gesetzmäßigkeiten der Fehlerverteilung und Fehlerfortpflanzung zur Ausnutzung wirtschaftlicher Verfahren ausnutzen. Für die Ortsherstellung allein gilt aber bei der Festlegung von Toleranzen und Abmaßen die Einmaligkeit der Herstellung mit der möglichen Zufälligkeit des Grenzmaßes.

Die Maßgenauigkeit von ortsfesten Konstruktionen hängt von Einflüssen ab, die im Bereich der menschlichen Veranlagung liegen, z. B. Arbeitssorgfalt, Arbeitsmoral, physisches Befinden, die aber auch vom Herstellungsverfahren, von den Werkzeugen, Hilfsgeräten und vom Fertigungsvorgang bestimmt werden. Auch der Baustoff,

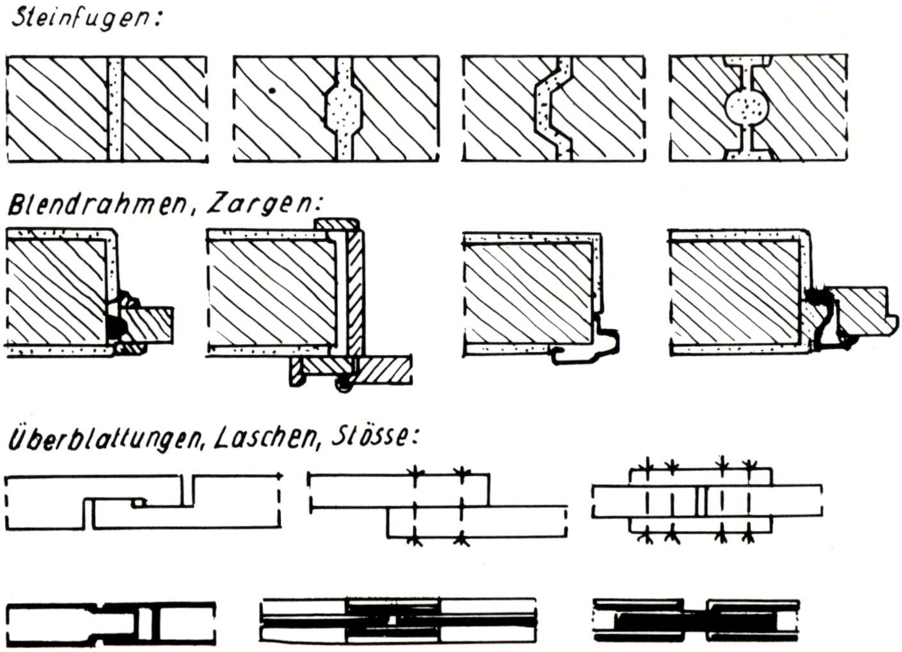

Abb. 28: Passungsarten von Bauteilanschlüssen aus Holz, Metall und mineralischen Baustoffen.

der zur Verarbeitung kommt, übt seinen Einfluß auf die Maßgenauigkeit aus. Insgesamt gesehen wird der Genauigkeitsgrad auf der Baustelle niemals genauer sein können, als es die visuelle Fähigkeit des Menschen ohne optisches Hilfsmittel hergibt. Das ist in den kleinen Maßbereichen der Millimeter.
Wenn man bei Passungen von der Möglichkeit des Nacharbeitens absieht, was auf Baustellen des Hochbaues beim Einsetzen von Ausbauteilen bisher durchaus üblich war, so bleiben auf der Baustelle das Sortieren und das Einpassen, meistens mittels Fugenspiel, übrig. Auch die Methode des Sortierens ist beim Bauen relativ selten anwendbar, sodaß das Passen mit seinen verschiedenen Passungsarten beim ortsfesten Bauen meistens als einzige Möglichkeit übrig bleibt. In Abbildung 28 sind einige Passungsarten von mineralischen Baustoffen, Metall und Holz dargestellt.

3.2.1. Baustofftoleranzen

Wie eingangs erwähnt hängt das einwandfreie Passungsspiel nicht nur von der Beachtung der herstellungsbedingten Toleranzen ab. Die Formänderungen aus phy-

sikalischen Einflüssen, aus der Belastung und die daraus resultierenden Bewegungen müssen im Passungsspiel aufgefangen werden. Zum Teil sind sie exakt berechenbar, zumindestens aber empirisch einzuplanen.
Bei mineralischen Baustoffen sind Formänderungen aus dem Kriechen und Schwinden, sowie bei Feuchtigkeitsaufnahme aus dem Quellen in der Größenordnung von 0,1 bis 0,8 mm/m zu berücksichtigen. In der folgenden Tabelle sind Schwindmaße einiger Baustoffe angegeben, die nach der Verarbeitung auftreten können.

Baustoffe	Schwindmaß in mm/m
Ortsbeton	– 0,3 bis – 0,6
Betonfertigteile nach Lieferung auf die Baustelle	– 0,1 bis – 0,4
Vollziegelmauerwerk	0,0 bis – 0,1
Hochlochziegelmauerwerk	– 0,1 bis – 0,2
Kalksandsteinmauerwerk	– 0,1 bis – 0,3
Leichtbetonmauerwerk	– 0,2 bis – 0,5
Gasbetonmauerwerk	– 0,3 bis – 0,5

Beim Holz sind die Formänderungen durch Feuchtigkeitsveränderung zu berücksichtigen. Selbst bei guter Tischlerware sind beim Weichholz (z. B. Fichte, Tanne) Änderungen der Holzfeuchtigkeit zwischen 8 und 16 % möglich, was eine Längenänderung in Querrichtung des Holzes von ± 2 % ausmachen kann.
Für alle Baustoffe sind außerdem die Längenänderungen aus Temperaturschwankungen zu berücksichtigen. Im folgenden wird für einige Baustoffe der Längendehnungskoeffizient (mm/m.K) angegeben.

Baustoff	Dehnungskoeffizent von	bis	im Mittel mm/m.K
Beton mit Zuschlägen aus Quarzkies	0,010	0,013	0,012
Beton mit Zuschlägen aus dichtem Kalkstein	0,005	0,008	0,007
Ziegelmauerwerk	0,006	0,009	0,007
Leichtbetonmauerwerk	0,007	0,013	0,010
Gasbetonmauerwerk	0,007	0,010	0,008
Stahl			0,012

Die Herstellungstoleranzen der Baustoffe werden in den entsprechenden Baustoffnormen angegeben. Die folgende Tabelle bringt zulässige Maßabweichungen einiger Baustoffe gemäß der für sie zuständigen Normen:

Baustoff	Abmaße	gemäß Norm oder Richtlinie
Naturwerksteinplatten	± 3 mm	DIN 18 332
Kalksandsteine,		DIN 106
Lochsteine, Hohlblocksteine		
Einzelwerte	± 3 mm bzw. ± 4 mm	
Mittelwerte	± 2 mm bzw. ± 3 mm	
Hohlblocksteine		
aus Leichtbeton	± 3 mm	DIN 18 151
Hüttensteine	± 2 mm	DIN 398
Vollsteine		
aus Leichtbeton	± 3 mm	DIN 18 152
Mauerziegel	± 4 % (± 5 % der Abmessungen bei einer Lieferung)	DIN 105

Bei Bestimmung der Gesamttoleranz von Bauwerksteilen und der Passungen, z. B. bei Bestimmung der Fugendicke, ist zu beachten, daß die bauphysikalischen Einflüsse und die Formänderungen aus der Belastung immer additiv beachtet werden müssen. Die Herstellungstoleranzen dagegen können nach dem Fehlerfortpflanzungsgesetz berücksichtigt werden.

3.2.2. Maurerarbeiten

Nach dem Anlegen von Eck- und Festpunkten durch den Polier oder durch einen Vermessungsingenieur muß der Maurer seine Arbeiten „lot- und fluchtrecht" ausführen. Er ist dazu nur in der Lage, wenn er neben seiner handwerklichen Fertigkeit ebenfalls Meßhilfen benutzt (Schnur, Wasserwaage, Lot). Die zumutbare Ausführungsgenauigkeit insgesamt unter Beachtung von Rechtwinkligkeit, von der Flucht und der Lotrechten sowie der Ebenheit des hergestellten Mauerwerks sollte nie höher als ± 5 mm eingeschätzt werden, ganz gleich, ob die Bauteile 50 cm oder 5 m Ausdehnung haben. Genauer geht es eben nicht. So groß ist auch das sog. Zimmermannshaar für Zimmerarbeiten.

Wenn höhere Genauigkeiten gefordert werden, z. B. für bestimmte Öffnungen, Eckpunkte oder lichte Raummaße, sind Lehren zu verwenden, vgl. Abb. 29. Die Genauigkeit entspricht dann der Lehrentoleranz. Lehren werden in der Werkstatt oder in der Fabrik hergestellt und lassen sich für kleine Abmessungsbereiche, etwa 1 m, mit Abmaßen von ± 1 mm, für Abmessungen bis 4 m von ± 2 mm optimal herstellen.

Beim Mauern von dünnen Wänden lassen sich die zulässigen Maßabweichungen der Mauersteine in der Wanddicke nicht immer ausgleichen. Bei der Beurteilung der Wandflächen spricht man bei 1/2 und 1 Stein dicken Wänden von bündigen und unbündigen Seiten. Die bündige Seite soll der Ebenheitstoleranz z. B. der DIN 18202, Blatt 2, entsprechen, während die unbündige Seite die Steintoleranzen als Wandrauhigkeit aufweist, die für die Herstellung einer geputzten Fläche oft eine zusätzliche Unterputzlage erfordert.
Die Wandecken, Vorsprünge und Öffnungen werden vom Maurer zuerst angelegt. Maßungenauigkeiten der Steine gleicht er beim Vermauern in den Fugen und durch Zurechtschlagen der Steine in Halb- und Viertelsteine aus. Aus diesem Grunde müssen auch die handwerklich unvermeidbaren Ungenauigkeiten von kurzen Wandstücken, z. B. von Pfeilern genauso beurteilt werden wie lange Wandabschnitte. Wenn sich aber der Ausgleich nicht mehr in den Fugen oder durch Behauen der Steine regulieren läßt, dann beeinflussen auch die Steintoleranzen die Maßgenauigkeit der Wandlänge. Deshalb ist eine Wand aus großformatigen Hohlblocksteinen toleranzempfindlicher als ein Mauerwerk aus Einhandsteinen.
Eine Mörtelfuge soll nur eine bestimmte Toleranz aufweisen, wenn die Festigkeit der Fuge und der Zusammenhalt des Mauerwerks möglichst gleichmäßig bleiben soll. Eine Fuge in Kalkzementmörtel soll nicht mehr als 25 % von der Solldicke der Fuge abweichen, wenn sie etwa 1 cm dick ist. Dünne Fugen sind toleranzempfindlicher als dicke Fugen.

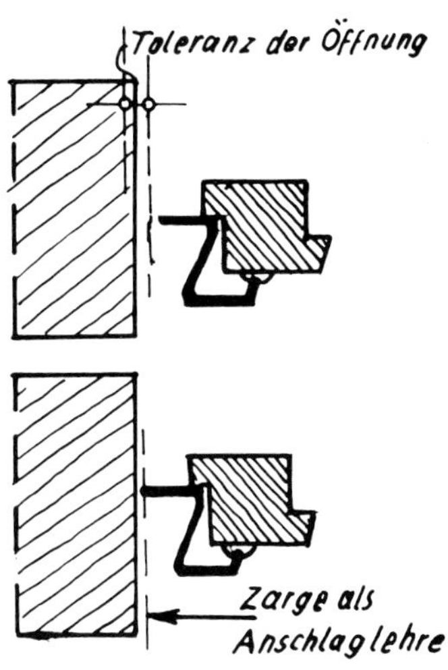

Abb. 29: Toleranzspiele zwischen Rohbauöffnung und Fensterzarge. Beim Mauern mit Lehren werden die Maurertoleranzen eliminiert.

3.2.3. Ortsbetonarbeiten

Beim Ortsbeton übt die Schalung den wesentlichen Einfluß auf die Genauigkeit des fertigen Betons aus. Die Verwendung von Schalbrettern, schnittrauh oder gehobelt, bedingt schon auf kurze Abmessungen von 10 bis 50 cm Grat- und Kantentoleranzen bis zu 5 mm, welche aus der Verkantung und der Feuchtigkeitsaufnahme und -abgabe herrühren. Das Holz kann infolge Quellen bis zu 7 % Volumenvergrößerung erleiden, die sich in der Bretterbreite und Brettdicke auswirkt. Auch die Häufigkeit der Verwendung von Schalungsholz beeinflußt die Genauigkeit des hergestellten Bauteils. Vergütete Schalungen, z. B. Schaltafeln mit Kantenschutz, festere Formen, Materialien aus Preßholz, Stahlblech, tragen zur genaueren Herstellung von Stahlbetonbauteilen bei. Nach den Richtlinien der TGL 12873 (DDR-Standard) können dadurch die Abmaße von Bauteilen bei 2,50 m Abmessung z. B. von ± 20 mm auf ± 8 mm vermindert werden. Unebenheiten der Deckenoberflächen und der Deckenunterseiten sind ohne Nachbehandlung nicht unter ± 5 mm Abmaß anzunehmen, vgl. Abb. 30 bis Abb. 34.

Wenn Genauigkeiten wie beim vorgefertigten Beton gefordert werden, vgl. DIN 18203, Blatt 1, muß die Sorgfalt der ganzen Fertigung gesteigert werden, denn das

Abb. 30: Deckenschalungsversteifung aus Rund- und Kanthölzern. Erst mit dem Verlegen der Schalbretter sollen die Schalungsflächen mit Hilfe des Meterrisses nachgerichtet werden.

Abb. 31: Die eingeschalte Deckenfläche mit Schalbrettern. Zur Verringerung der unvermeidlichen Überzähne an den Bretterstößen sind die Bretter vor dem Betonieren gut durchzunässen.

Abb. 32: Die ausgeschalte Deckenunterseite. Trotz guter Arbeitsweise sind zwischen den Bretterstößen Überzähne und Betongrate nicht ganz zu vermeiden.

Abb. 33: Auch bei Schaltafeln sind solche Unebenheiten nicht gänzlich zu vermeiden.

Abb. 34: Die Grate und Überzähne treten nur nicht so häufig auf.

Abb. 35: Ein Beispiel von maßgenauen Einschalverfahren mit Schalungswagen, großflächiger und vergüteter Schalungsfläche. Die Justierung wird mit Spindeln vorgenommen.

schwächste Glied in der Genauigkeit ist hierbei maßgebend. Z. B. spielt die Verarbeitung des Betons eine Rolle. Nasser Beton erhöht nicht nur die Verformungstoleranz des Betons nach der Erhärtung sondern auch die Unebenheit der Oberfläche, vgl. Abb. 35 bis 39. Bei zu kurzer Entschalungsfrist können nachträglich beachtliche Verformungen des ausgeschalten Bauteils auftreten.

Bei höheren Genauigkeitsanforderungen ist das sorgfältige Einmessen der Schalungen eine wesentliche Voraussetzung. Bei größeren Betonarbeiten sollen in diesen Fällen die Einmeßarbeiten von einem versierten Fachmann ausgeführt und zusammen mit dem Polier oder den Einschalern vorgenommen werden. Die horizon-

Abb. 36: Die ausgeschaltete Deckenunterseite ist ‚maßgenau'.

Abb. 37: Die Deckenoberfläche zeigt dagegen die Spuren der jeweiligen Betonverarbeitung, bei zu nasser Verarbeitung bilden Wasserlachen und Betonreste Unebenheiten.

Abb. 38: Nach dem Erhärten haben dadurch trotz des maßgerechten Schalverfahrens die Oberflächen noch allgemein herstellungsbedingte Unebenheiten.

Abb. 39: Auch an den anderen Betonflächen sind dann an den Plattenstößen Unebenheiten nicht zu vermeiden.

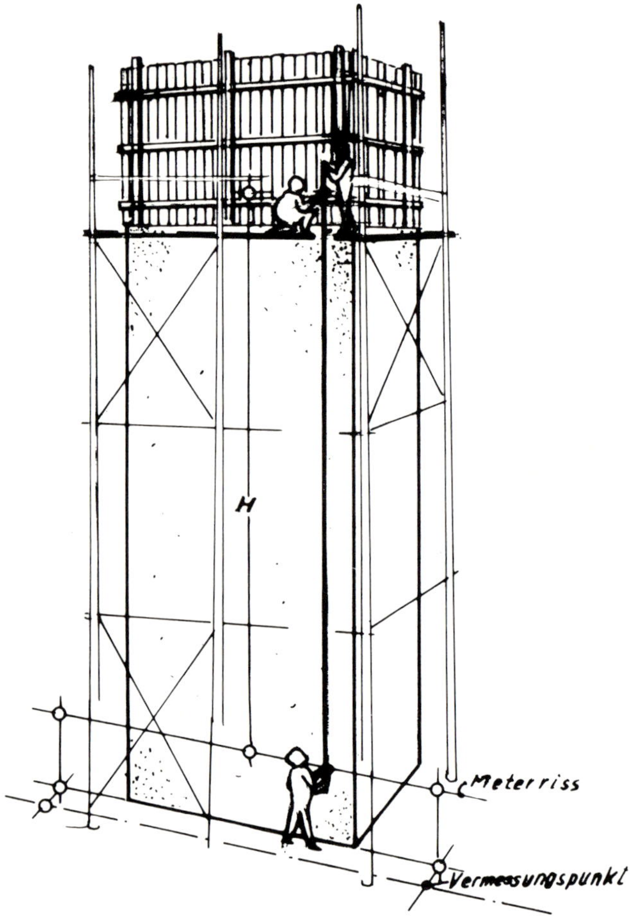

Abb. 40: Ausrichten der Schalungen in ihrer Höhe und Lage nach Markierungspunkten, die an den schon fertiggestellten Bauteilen angebracht sind.

tale Lage einer Schalung kann z. B. durch außerhalb der Schalung liegende Holzstücke markiert und durch eingeschlagene Nägel auf die Höhenquote genau festgelegt werden. Die Markierung soll so erfolgen, daß von dort aus Innenkanten, Innenseiten und Absätze der Schalung noch nach dem Aufstellen leicht korrigiert werden können. Pfeiler und Stützen werden durch Schablonen und Festpunkte in der Form und in ihrer Lage überprüft. Nach der Errichtung aller Schalungsteile soll eine nochmalige Überprüfung erfolgen. Die hierfür erforderlichen Markierungen lassen sich ebenfalls wieder durch Nägel oder Bolzen herstellen, vgl. Abb. 40. Die größte Genauigkeit bestimmter Ecken oder Punkte wird dann allein durch das Vermessen bestimmt. Insgesamt gesehen wird man aber für Ortsbeton kaum höhere Genauigkeiten als beim Mauerwerk erzielen.

3.2.4. Vorgefertigte Rohbauteile

Selbst wenn vorgefertigte Bauteile aus Beton oder Stahlbeton verwendet werden, soll man die Anforderungen an die Genauigkeit nicht zu hoch schrauben, es sei denn, daß für alle Vorgänge der Herstellung, der Vermessung und der Montage wirksame Maßnahmen ergriffen werden.
Die Ebenheit der Flächen läßt sich durch das Material und die Großflächigkeit der Schalung verbessern. Bei den Entschalungsfristen sollte man bedenken, daß durch Bedampfung eine zeitweilige Plastitität des Betons eintritt, der bei zu früher Entschalung eine Verformung des Betonbauteils begünstigt. Auch die Lage der Herstellung ist von Einfluß. Breiten und Längen lassen sich bei Stahlbetonfertigteilen maßgenauer herstellen als ihre Höhen. Beim Einbau von Betonfertigteilen sind die durch die Montage bedingten Lagetoleranzen zu berücksichtigen, die den Einflüssen des Baustellenbetriebes ausgesetzt sind. Die Lagetoleranzen lassen sich durch justierbare Montagehilfsgeräte verbessern, aber niemals ganz ausschalten, vgl. Abb. 41 und Abb. 42.
Ein Stahlhochbau ist vom Gesichtspunkt der Passung ein aus Stahlbauteilen bestehender Montagebau, bei dem die Bauteile herstellungsbedingte Toleranzen aufweisen, die bei passungsgerechter Montage etwas ausgeglichen werden können.

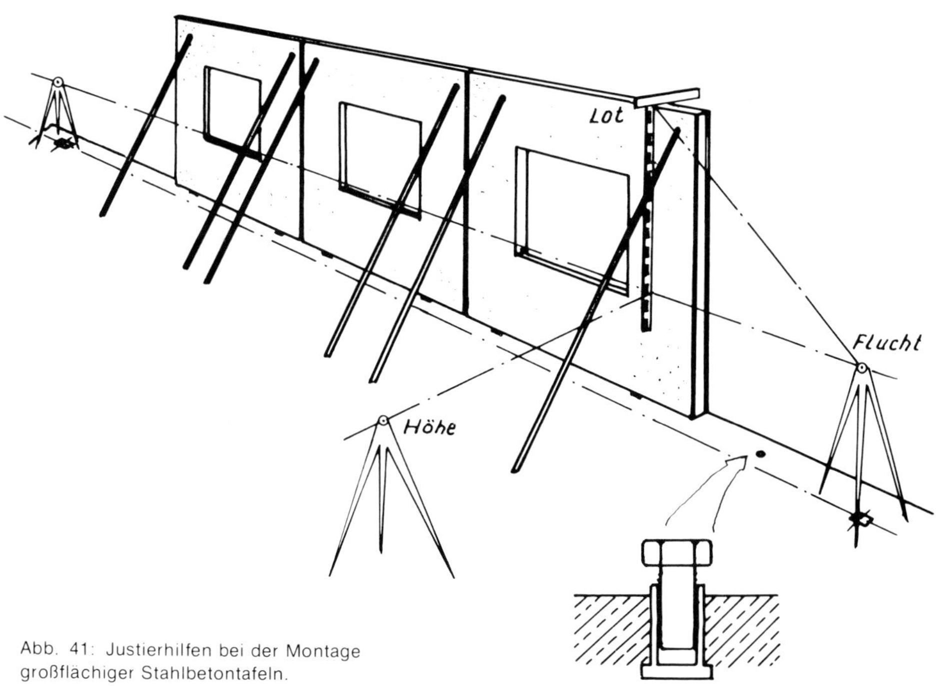

Abb. 41: Justierhilfen bei der Montage großflächiger Stahlbetontafeln.

Der sog. Schlupf beim Nieten oder Schrauben kann sich auf die Toleranzen günstig, aber auch ungünstig auswirken, je nach Fixierung der Stahlbauteile und der Arbeitsweise. Höhere Maßgenauigkeit bedingt im Stahlhochbau in jedem Fall Mehraufwand.
Das gleiche gilt für den Holzbau. Auch in Holz lassen sich präzise Rohbauten errichten, sofern entsprechender Aufwand bei der Herstellung der Holzbauteile im Werk bzw. auf der Richtbühne, beim Einmessen der Baustellenfestpunkte und bei der Montage getrieben wird. Ausschlaggebend für die höchste Genauigkeit sind hierbei nicht die Herstellungswerkzeuge wie Säge (mit Schlupf), Bohrer usw., sondern der gekreidete Schnurschlag mit Kreidestrichungenauigkeiten von optimal ± 2 mm.

3.2.5. Allgemeine Hinweise für den Rohbau

Die Maßgenauigkeit des Rohbaues steht und fällt mit der mehr oder minder großen Sorgfalt des Vermessens und des Anlegens. Zur Einhaltung der höheren Genauigkeitsanforderungen nach den Genauigkeitsgruppen B und C gemäß DIN 18201 sind für das Vermessen Vermessungsingenieure erforderlich, die auch Hinweise für das Anlegen der wichtigsten Gebäudeeck- und Höhenpunkte geben, sowie Markierungspunkte für die Kontrolle und für eine eventuelle spätere Überprüfung geben sollen.

Abb. 42: Justierbare Haltungen an den Stahlbetontafeln.

Die anschließende Herstellung bzw. Montage der Rohbaukonstruktion ergibt beim Mauerwerk, Beton und bei vorgefertigten Bauteilen Abmaße von mindestens ± 5 mm unabhängig von der Größe der Bauteile und ihres Baustoffes. Diese Abmaße lassen sich nur durch zusätzliche Maßnahmen wie die Verwendung von Schablonen, justierbare Hilfsgerüste (sog. Faulenzer) u. a. verfeinern. Aber eine genauere Herstellung als ± 1 mm für die Ausdehnung und Ebenheit ist nicht möglich.
Die Addition der Vermessungs-, Herstellungs- und Montagetoleranz ergibt die Gesamttoleranz des Rohbaues, die für die Passungen und den Einbau der Ausbauteile maßgebend ist.
Die Ausbauteile, die z. T. nach den toleranz- und passungstechnischen Voraussetzungen der mechanischen Technik hergestellt werden, lassen sich nur dann ohne Schaden einbauen, wenn diese Toleranzen des Rohbaues bei der Passung genügend beachtet werden.

3.3. Ausbautoleranzen

3.3.1. Flächenfertige Wände, Decken und Bauteile.

Normalerweise werden die Flächen der im Rohbau hergestellten Wände und Decken für den Verwendungszweck nachbehandelt, wobei auch u. a. Erfordernisse an die Ebenmäßigkeit der Flächen gestellt werden. Eine Spachtelung kann hierbei nur die Unebenheiten von kleinen Vertiefungen ausgleichen, gewissermaßen aus einer rauhen Fläche eine glatte Fläche herstellen. Eine nennenswerte Erhöhung der Toleranzgenauigkeit ist damit nicht zu erreichen. Der Vorgang des Abschleifens mittels mechanischer Schleifapparate kann dagegen die Ebenmäßigkeit durch das Entfernen von Graten und Buckeln bei sonst ebenen Flächen wesentlich erhöhen. Diese Erhöhung ist aber in der Hauptsache in kleinen Flächenbereichen wirksam. Auch das einlagige Putzen bringt eine Verringerung der Unebenheiten hauptsächlich in den kleineren Abmessungsbereichen. Ist ein Ausgleich für größere Flächen erforderlich, z. B. beim Durchhängen von Decken, sind die erforderliche Ebenheiten erst einmal durch einen Unterputz herzustellen, ehe durch den Oberputz die feineren Ebenheiten erzielt werden sollen, vgl. Abb. 43. Das gleiche sollte auch mit Estrichen beim Ausgleich größerer Unebenheiten vorgenommen werden, nämlich größere Vertiefungen im ersten Arbeitsgang auszugleichen ehe die Gesamtestrichfläche hergestellt wird. Nützlich ist auch das Einlegen von Richtlatten, die nach der Herstellung der Gesamtfläche entfernt werden. Die Fugen werden dann nachträglich geschlossen.
Bei Bodenbelägen und Bekleidungen von Decken und Wänden (Fassadenbekleidungen) können grobe Unebenheiten durch die Unterkonstruktionen ausgeglichen werden. Die Unterkonstruktionen werden in der Flucht ausgerichtet und fest mit den Decken oder den Wänden verbunden. Die erzielbare Maßgenauigkeit ist da-

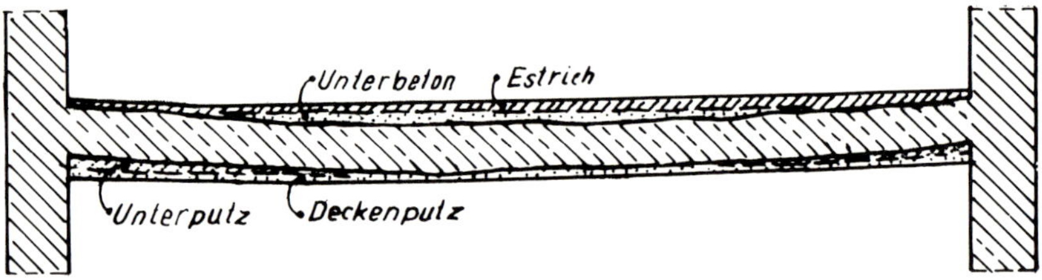

Abb. 43: Ausgleich von Unebenheiten durch mehrlagige Putze und Estriche.

durch unabhängig von den rohen Wänden oder Decken. Allerdings werden sich Bekleidungen bei langgestreckten Krümmungen von Wänden aus wirtschaftlichen Gründen diesen Unebenheiten soweit anpassen, daß keine Mängel oder nicht ästhetisch einwandfreie Flächen entstehen. Im allgemeinen wird kein größerer Ausgleich durch die Unterkonstruktionen als ± 1 cm erforderlich werden.

3.3.2. Einbau von Fenstern, Türen und anderen Einbauteilen

Das Einpassen von Fenstern und Türen ohne Nacharbeit ist nur durch eine Toleranzenvereinbarung möglich. Passungen sind hierbei nach den ausführbaren Maßgenauigkeiten der Öffnungen und nach den bauphysikalisch bedingten Formänderungen zu konstruieren. Es wäre dagegen widersinnig, nach einer vorgegebenen Passungsart den Einbauteilen und der Öffnung Toleranzen aufzuzwingen, die kaum oder nur mit erheblichen Mehraufwendungen einzuhalten sind.
Die rechnerische Vorbestimmung der erforderlichen Toleranzen und der Fugendicke ist im Abschnitt 2.2.3.2. erläutert. Der Bezug für Öffnungs- und Einbauteilmaße muß zwischen Rohbauunternehmern und Ausbauhandwerkern vereinbart werden. Bisher ist es noch allgemein üblich, daß die Nennmaße des Rohbaues, vgl. Abb. 1, die vom Architekten in den Ausführungszeichnungen als Grundlage der Gebäudeabmessungen eingetragen werden, verbindlich vom Rohbauunternehmer übernommen werden. Die Abmaße beziehen sich hierauf. Der Ausbauhandwerker legt meistens diese Bauzeichnungen auch für seine Ausführungen zugrunde. Auch die Detailzeichnungen werden darauf bezogen, oft sogar ohne Beachtung der zulässigen Abweichungen der Abmessungen. Selbst wenn der Handwerker die dem Rohbauunternehmer zustehenden Abmaße beachtet, kann es zu passungstechnischen Schwierigkeiten oder Unstimmigkeiten führen, weil die Abmaße der Öffnung über die Nennmaße in den freien Öffnungsraum hineinreichen. Der Ausbauhandwerker müßte also, um eine einwandfreie Passung zu erreichen, von sich aus für die Werkmaße der Einbauteile mit abgeleiteten Öffnungsmaßen rechnen.
Da aber die Detailgestaltung, die oft maßgebend den ästhetischen Gesamteindruck des Bauwerks beeinflussen kann, schon den Architekten angeht, ist es empfeh-

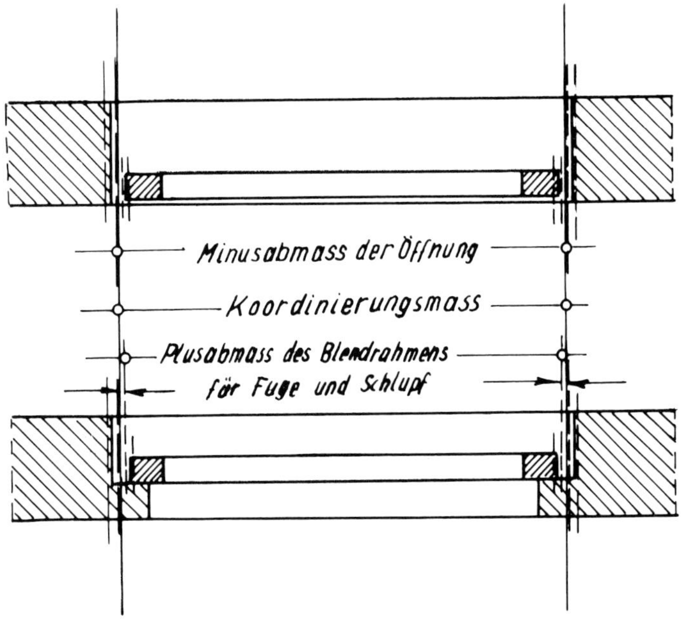

Abb. 44: Koordinierungsmaße als Bezugsebenen für Rohbauöffnungen und Blendrahmen.

lenswert, Bezugssysteme, Bezugslinien oder Punkte in der Planung festzulegen, die für den Rohbauunternehmer und den Ausbauhandwerker maßgebend sind, ohne daß sich Toleranzen überschneiden. In der DIN 18050, Fensteröffnungen[12], wird empfohlen, die Fensteröffnungen auf Koordinierungsmaße in Anlehnung an DIN 4172 und DIN 18000 beziehen, vgl. Abb. 44.

Wenn die Fugendichtung und der Schlupf zu den Kompetenzen des Handwerkers zählt, empfiehlt es sich das Kleinstmaß der Rohbauöffnung mit dem Koordinierungsmaß zur Deckung zu bringen. Ist die Fuge Angelegenheit des Unternehmers, z. B. bei eingeputzter Fuge, sollte sich das Kleinstmaß der Öffnung plus Fuge mit dem Koordinierungsmaß decken. Die Vereinbarungen hierzu sind gemeinsam zwischen Architekten, Rohbau- und Ausbauunternehmer zu treffen. Das Detail ist hiernach zu planen.

Die Abmaße von Öffnungen sind in DIN 18202, Blatt 1, angegeben. Für Fertigteile aus Beton und Stahlbeton sind die zulässigen Maßabweichungen in DIN 18203, Blatt 1, enthalten, das betrifft für den Ausbau z. B. Wandtafeln, Fassadenplatten, Fertigstufen, Fertigzargen aus Beton. Für Fenster und Türen aus Holz und Metall gibt es, soweit es die Abmaße der äußeren Blendrahmen- und Zargenabmessungen betrifft, noch keine Normen über Toleranzen. Lediglich als Passungstoleranz zum

[12] DIN 18050, Fensteröffnungen, Neubearbeitung 1973.

Türblatt wird in DIN 18 111[13] eine Plusabweichung von 2 mm für die lichte Breite und Höhe von Zargenfalzmaßen angegeben[14].
Auf Grund bisher vorliegender Erfahrungen werden für Blendrahmen und Zargen für ihre Außenabmessungen vorläufig folgende Abmaße vorgeschlagen:

Baustoffe	Abmaße (mm) bei	Abmessungen in in der Höhe und Breite bis 2,40 m	bis 6,00 m	bis 10 m
Zargen aus Stahl	äußere Abmessungen	± 2	± 3	± 4
	Abweichung vom rechten Winkel*)	− 1	± 2	± 3
	Durchhang in der Mitte	± 1	− 2	− 3
Blendrahmen und Zargen aus Holz 8 % Holzfeuchte	äußere Abmessungen	± 3	± 4	± 5
	Abweichung vom rechten Winkel*)	± 1	± 2	± 3
	Durchhang in der Mitte	− 1	− 2	− 3

*) gemessen am Endpunkt des Schenkels

Die gleichen Abmaße sollten auch für Einbaumöbel, leichte Trennwände und eingebaute Installationselemente vereinbart werden, sofern solche Vereinbarungen aus passungstechnischen Gründen erforderlich werden. Im anderen Fall dürften Toleranzen nur für die Güte des Produktes, z. B. für die Maßhaltigkeit keramischer Produkte, eine Aussage bringen, aber nur von untergeordnetem Interesse für die in dieser Abhandlung angeschnittenen Passungsprobleme sein. Das gleiche gilt für Installationsleitungen und Installationsaggregate. Wenn Installationen aber vorgefertigt werden oder in Blöcken eingebaut werden, sind die o. g. passungstechnischen Erfordernissen zu beachten, zu denen, insbesondere im Heizungsbau, die Längendehnungen durch Erwärmung hinzukommen.

[13] DIN 18 111, Stahlzargen für Holztüren.
[14] in Vorbereitung: DIN 0068100, Längentoleranzen über 1 bis 3150 mm für Holzbe- und -verarbeitung. (FNHOLZ-Arbeitsausschuß „Toleranzen und Passungen in der Holzbe- und -verarbeitung“)

3.4. Gesamttoleranzen des Bauwerks

Die Gesamttoleranzen des Bauwerks, seiner Bauwerkseinzelheiten umfassen, wie in Kapitel 2.1.3.1. erläutert, die Herstellungstoleranzen, die Toleranzen der Vermessung und der Montage.
Die Vielfalt der Einflüsse und die Komplexität, die bis zur Vollendung des Bauwerks ansteht, scheint die Angabe von Toleranzen so schwierig zu machen, daß sie gezielt kaum möglich erscheint. Auch die Analyse, die z. B. aus den Blättern der DIN 18202, 1 bis 4, zu ziehen ist, wird für die Gesamtfestsetzung von Toleranzen nicht immer zum Ziele führen. Die additive Methode wird nicht nur zu unwirtschaftlichen Ergebnissen führen, sondern auch – teilweise mathematisch beweisbar – unreale Toleranzen ergeben.
Aus den Darlegungen dieses Abschnittes dürfte es aber möglich sein, den Grenzbereich für die höchst möglichen Genauigkeiten im Hochbau abzustecken. Außerdem gibt es auch Grenzen, die nicht überschritten werden können, wenn nicht die Zweckbestimmung des Bauwerks gefährdet werden soll. Innerhalb dieser beiden Grenzen, die bei den Hochbautoleranzen gar nicht so weit auseinanderliegen, werden die zu vereinbarenden Gesamttoleranzen liegen. Die Kunst des Bauens ist, die Gesamttoleranzen für wirtschaftlich vertretbare Grenzen einzuplanen und das Planungsziel mit ihnen zu erfüllen. Die Vereinbarungen werden unter solchen Gesichtspunkten etwa der folgenden Abbildung 45 entsprechen:

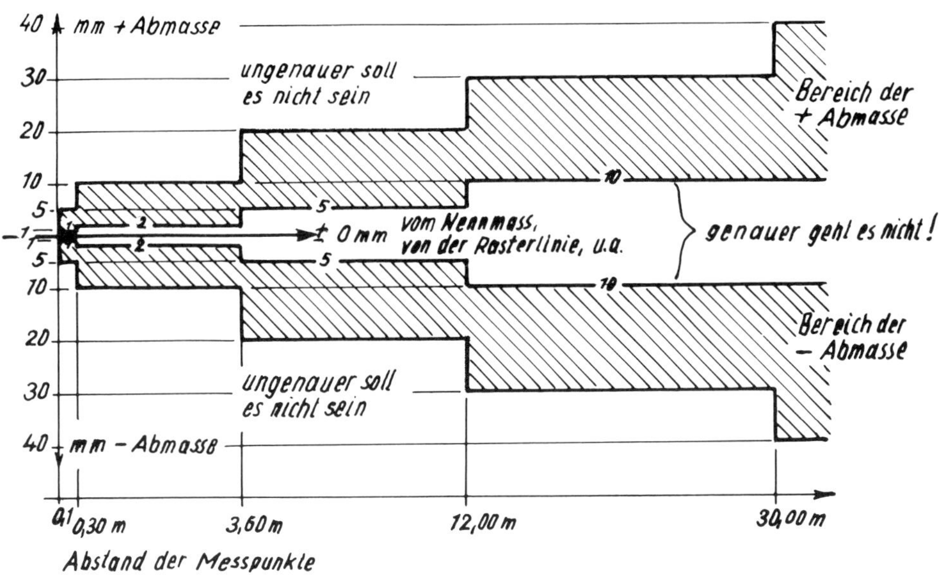

Abb. 45: Empfehlungen für Vereinbarungen von Gesamttoleranzen des Bauwerks und seiner Bauwerksteile. Im schraffierten Bereich des Diagrammes sollen Toleranzvereinbarungen, auf Nennmaße, Bezugslinien u. a. bezogen, liegen.

4. Anhang: Richtlinien und Normen

4.1. DIN 18201 Maßtoleranzen im Bauwesen; Begriffe, Grundsätze, Anwendung, Prüfung

Ausgabe Juni 1974

Die Festlegungen dieser Norm beruhen auf Arbeitsergebnissen und Empfehlungen der Internationalen Organisation für Normung (ISO). Zusammenhang mit der von der International Organization for Standardization (ISO) herausgegebenen Empfehlung ISO/R 1803-1970 siehe Erläuterungen.
Die fortschreitende technische Entwicklung im Bauwesen, z. B. die Einführung neuer Bauarten, die Anwendung der Vorfertigung, erfordern einheitliche Vereinbarungen für Maßtoleranzen und Baupassungen. Die dazu notwendigen Begriffe, Grundsätze, Anwendungsregeln und Prüfungen werden in dieser Norm festgelegt. Sie sind für alle Toleranznormen des Bauwesens gültig und in Anlehnung an DIN 7182 Blatt 1 als Grundnorm für die mechanische Technik für diese vereinfacht wiedergegeben.

1. Geltungsbereich

Diese Norm gilt für Maßtoleranzen bzw. Abmaße im Bauwesen, sowohl für die Fertigung von Bauteilen als auch für die Ausführung von Bauwerken. Abmaße bzw. Toleranzen sind in besonderen Normen festgelegt.

2. Zweck

Wegen nicht vermeidbarer Ungenauigkeit beim Messen, bei der Fertigung, bei der Montage und beim Einbau können Bauteile von den geometrischen Angaben abweichen; dadurch kann z. B. eine einwandfreie Montage von Bauteilen in Frage gestellt werden, bzw. wären Anpaß- und Nacharbeiten während und nach der Montage erforderlich. Deshalb müssen in Abhängigkeit von der Funktion und/oder dem vorgesehenen Zweck Abmaße bzw. Toleranzen festgelegt werden.

3. Begriffe

3.1. Bauteil
Erzeugnis, das als bestimmte Einheit hergestellt ist, und dessen Maße in drei Dimensionen festgelegt sind. Im Sinne der Norm werden dabei die Toleranzen der Gestalt (Form und Größe) und die Zuordnung zu anderen Bauteilen und zum Bauwerk bestimmt.

3.2. Bauwerk
Aus Bauteilen bestehende Einheit. Im Sinne dieser Norm werden die Toleranzen seiner Gestalt (Form und Größe), seiner Lage und der Lage seiner Bauteile angegeben.

3.3. Genauigkeitsgrad
Bewertungsmaßstab für Toleranzen bzw. Abmaße.

3.4. Genauigkeitsgruppe
Die in einem System von Toleranzen vorgesehene Gruppe, in der der gleiche Genauigkeitsgrad gilt.

3.5. Abmessung
Größe eines Körpers (Bauteils oder Bauwerks) in einer gegebenen Richtung (z. B. Länge, Breite, Höhe, Durchmesser) oder einer Linie (z. B. Umfang eines Kreises).

3.6. Nennmaß (Sollmaß)
Maß, das zur Kennzeichnung von Größe und Lage eines Bauteils oder Bauwerks angegeben und in Zeichnungen eingetragen wird.

3.6.1. **Werkmaß** (Fertigungsmaß)
Das für die Fertigung eines Bauteils vorgegebene, vom Nennmaß abgeleitete Maß. Es berücksichtigt die Toleranzen und ist mit der Toleranzangabe versehen.

3.7. Istmaß
Das tatsächliche, durch Nachmessungen festgestellte Maß eines Bauteils oder Bauwerks.

3.8. Grenzmaß
Zulässiges äußerstes Maß für das Istmaß.

3.8.1. Größtmaß
Das obere Grenzmaß.

3.8.2. Kleinstmaß
Das untere Grenzmaß.

3.9. Toleranz

Differenz zwischen Größtmaß und Kleinstmaß.

3.10. Abmaß

Differenz zwischen dem Istmaß und dem Nennmaß oder Werkmaß.

3.10.1. Oberes Abmaß

Differenz zwischen dem Größtmaß und dem zugeordneten Nennmaß oder Werkmaß.

3.10.2. Unteres Abmaß

Differenz zwischen dem Kleinstmaß und dem zugeordneten Nennmaß oder Werkmaß.

4. Grundsätze

4.1. Die Toleranzen sollen die herstellungsbedingten Maßabweichungen begrenzen. Maßabweichungen, die durch zeitabhängige, temperaturbedingte und lastenabhängige Verformungen bedingt sind, bleiben unberücksichtigt.

4.2. Die Genauigkeitsgruppe A enthält die Abmaße und Toleranzen, die bei allen Bauteilen und Bauwerken einzuhalten sind, bei denen keine außergewöhnliche Genauigkeit erforderlich ist und nicht höhere Anforderungen vereinbart sind.

Die Genauigkeitsgruppe B enthält Abmaße und Toleranzen für Bauteile und Bauwerke, bei denen höhere Anforderungen an die Genauigkeit gestellt werden müssen.

Sind noch höhere Anforderungen als Genauigkeitsgruppe B erforderlich, wird die Genauigkeitsgruppe C vorgesehen, die aber nur für bestimmte Anwendungsgebiete erforderlich werden kann und deshalb nicht in allen Normen für Maßtoleranzen im Bauwesen enthalten ist.

Die Anwendung der Genauigkeitsgruppe B und C muß besonders vereinbart werden.

Sollte sogar von den Abmaßen und Toleranzen der Genauigkeitsgruppe A bis C abgewichen werden, dann ist dies technisch zu erläutern und zu vereinbaren. Dabei ist zu beachten, daß derartige Abweichungen zusätzliche Maßnahmen erfordern und jede Steigerung der Genauigkeit einen größeren Aufwand bedeuten kann.

5. Anwendung

5.1. Die Abmaße bzw. Toleranzen müssen bereits bei der Planung beachtet werden. Formänderungen, die sich vor allem durch Temperaturänderung, durch elastisches

Verhalten, durch Kriechen und Schwinden an Bauteilen und Bauwerken auswirken, sollen überprüft und zusätzlich bei der Planung beachtet werden.

5.2. In der Leistungsbeschreibung soll auf die entsprechenden Normen und Genauigkeitsgruppen verwiesen werden. Die Abmaße bzw. Toleranzen sollen im allgemeinen im Schriftfeld oder an den betreffenden Stellen der Zeichnung angegeben werden.

5.3. Da sich Toleranzen im allgemeinen in ein oberes und ein unteres Abmaß teilen (z. B. bei einer Toleranz von 20 mm: oberes Abmaß + 10 mm, unteres Abmaß – 10 mm, zusammengefaßt geschrieben ± 10 mm), bezieht sich das Abmaß auf das Nennmaß oder Werkmaß in den Bauzeichnungen.

Wenn die Toleranz sich nicht auf ein Nennmaß oder Werkmaß bezieht, so wird sie ohne Aufteilung in Abmaße insgesamt ohne Vorzeichen angegeben.

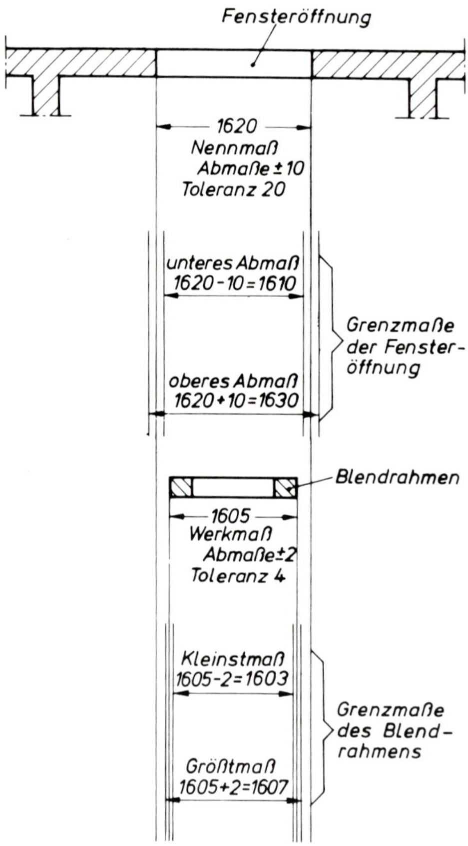

Maße in mm

Anmerkung: Fugenmaß detailbedingt.

Bild 1.
Beispiel für die Anwendung der Begriffe und der Passung

5.4. Bei der Planung, beim Maßanlegen und bei der Prüfung von Maßabweichungen sind Bezugspunkte (Festpunkte) anzugeben, auf die sich die Abmaße bzw. der Abstand von Meßpunkten beziehen sollen (siehe Bild 1).

6. Prüfung

6.1. Die Einhaltung der Abmaße bzw. der Toleranzen wird nur geprüft, wenn es technisch erforderlich ist, oder Unstimmigkeiten auftreten. Bei Unstimmigkeiten ist die Prüfung so früh wie möglich durchzuführen, um die last- und zeitabhängigen Maßabweichungen auszuschalten, spätestens jedoch bei der Übernahme durch den Folgeunternehmer bzw. bis zur Bauabnahme.

6.2. Die Prüfung wird, wenn erforderlich, an jedem Bauteil oder am Bauwerk durchgeführt.

Die Wahl des Meßverfahrens bleibt dem Prüfer überlassen. Das angewandte Meßverfahren und die mit diesem Verfahren erzielte Genauigkeit sind anzugeben und bei der Beurteilung zu berücksichtigen.

Hinweise auf weitere Normen

DIN 18202 Blatt 1 Maßtoleranzen im Hochbau; Zulässige Abmaße für die Bauausführung, Wand- und Deckenöffnungen, Nischen, Geschoß- und Podesthöhen

DIN 18202 Blatt 2 (Vornorm) Maßtoleranzen im Hochbau; Ebenheitstoleranzen für Oberflächen von Wänden, Deckenunterseiten und Bauteilen

DIN 18202 Blatt 3 (Vornorm) Maßtoleranzen im Hochbau; Toleranzen für die Ebenheit der Oberflächen von Rohdecken, Estrichen und Bodenbelägen

DIN 18202 Blatt 4 Maßtoleranzen im Hochbau; Abmaße für Bauwerksabmessungen

DIN 18203 Blatt 1 Maßtoleranzen im Hochbau; Vorgefertigte Teile aus Beton und Stahlbeton

Erläuterungen

Das Technische Komitee ISO/TC 59 „Hochbau" hat in der Empfehlung ISO/R 1803-1970:

E: Building tolerances; vocabulary

D: Bautoleranzen; Begriffe

Begriffsbestimmungen festgelegt, die den in dieser Norm enthaltenen Definitionen zugrunde gelegt wurden.

4.2. DIN 18202 Maßtoleranzen im Hochbau

4.2.1. Blatt 1: Zulässige Abmaße für die Bauausführung, Wand- und Deckenöffnungen, Nischen, Geschoß- und Podesthöhen

Ausgabe März 1969

Maße in mm

Die in dieser Norm festgelegten zulässigen Abmaße sollen bezwecken, daß Treppen, Fenster, Einbauschränke usw. ohne Maßnehmen am Bau und ohne Nacharbeit eingebaut werden können[1]. Die Norm gilt demnach insbesondere für Öffnungen usw., in die Ausbauteile eingesetzt werden sollen.

Das nach dieser Norm mögliche Kleinstmaß der Öffnung ist bestimmend für das Größtmaß des Einbauteils. Die Maße der Einbauteile werden unter Beachtung des Kleinstmaßes und des Maßes der Fugen ermittelt (siehe Bild 1).

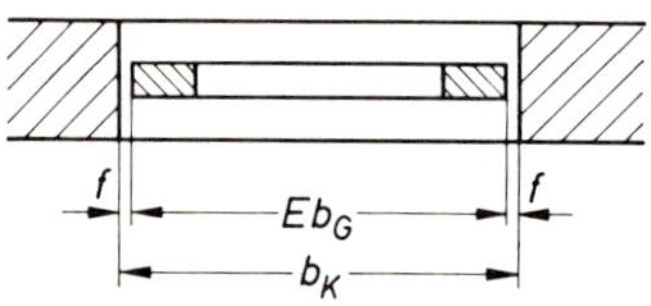

Kleinstmaß der Öffnungsbreite $b_K = 2000$ mm
Fugendicke zwischen Leibung und Einbauteil $f = 15$ mm
Größtmaß für Breite des Einbauteils
$Eb_G = 2000 - (2 \cdot 15) = 1970$ mm

Bild 1. Beispiel für die Ermittlung der Breite eines Einbauteiles

1. Geltungsbereich

Die Norm gilt nur für die zulässigen Abmaße der einzelnen Wand- oder Deckenöffnungen, Nischen, Geschoß- und Podesthöhen; sie gilt nicht für die zulässigen Abmaße der Abmessungen, die sich aus mehreren Einzelmaßen addieren.

2. Abmaße

2.1. Zulässige Abmaße für Öffnungen und Nischen in Wänden und Decken (Beispiel siehe Bild 2).

[1] Für die Oberflächen der Bauteile gilt DIN 18202 Blatt 3 „Maßtoleranzen im Hochbau; Toleranzen für die Bauausführung; Oberflächen von Rohdecken, Estrichen und Bodenbelägen" (z. Z. noch Entwurf).

Tabelle 1

Oberflächen der Bauteile	Zulässige Abmaße bei Nennmaßbereich		
	bis 2,5 m	über 2,5 m bis 5 m	über 5 m
nicht fertig (z.B. noch nicht geputztes Mauerwerk)	± 10	± 15	± 20
fertig (z.B. geputztes Mauerwerk, Mauerwerk aus Vormauersteinen Sichtbeton)	± 5	± 10	± 15

Die Verwendung von Lehren erleichtert das Einhalten der zulässigen Maßabweichungen.

2.2. Zulässige Toleranzen von der Lot- und Waagerechten der Leibungsflächen bei Öffnungen und Nischen

Tabelle 2

Oberflächen der Bauteile	Toleranzen bei Nennmaßbereich			
	bis 1 m	über 1 m bis 2,5 m	über 2,5 m bis 5 m	über 5 m
nicht fertig (z.B. noch nicht geputztes Mauerwerk)	5	10	15	20
fertig (z.B. geputztes Mauerwerk, Mauerwerk aus Vormauersteinen, Sichtbeton)	5	5	10	15

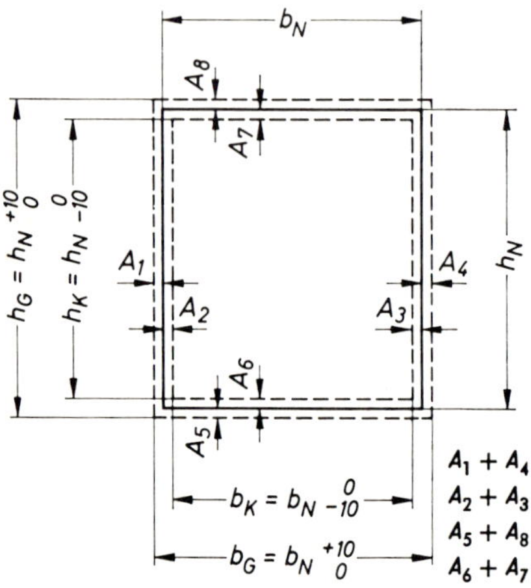

b_N Nennmaß, h_N Nennmaß; b_K Kleinstmaß, h_K Kleinstmaß; b_G Größtmaß, h_G Größtmaß – der Öffnungsbreite

A Abmaß

$A_1 + A_4 \leqq 10$ mm
$A_2 + A_3 \leqq 10$ mm
$A_5 + A_8 \leqq 10$ mm
$A_6 + A_7 \leqq 10$ mm

Bild 2.
Bereich der zulässigen Abmaße bei nicht oberflächenfertigen Bauteilen im Nennmaßbereich bis 2,5 m

Ein Ausnutzen der Toleranzen darf weder zum Unterschreiten der Kleinstmaße noch zum Überschreiten der Größtmaße der Öffnungen oder Nischen führen (siehe Abschnitt 2.1 und Bild 2).

2.3. Zulässige Abmaße bzw. Toleranzen für alle Nennmaßbereiche in Treppenräumen und bei Geschoß- und Podesthöhen im Zustand beim Einbau der Treppen (Beispiel siehe Bild 3)

	Zulässige Abmaße für		
Geschoß-höhe	Laufhöhe bei mehrläufigen Treppen	lichte Öffnung des Treppenloches	Zulässige Toleranzen für die Lage der Ecken des Treppenloches
± 15	± 10	± 15	20

Ein Ausnutzen der Toleranz für die Ecken des Treppenloches darf weder zum Unterschreiten der Kleinstmaße noch zum Überschreiten der Größtmaße des Treppenloches führen.

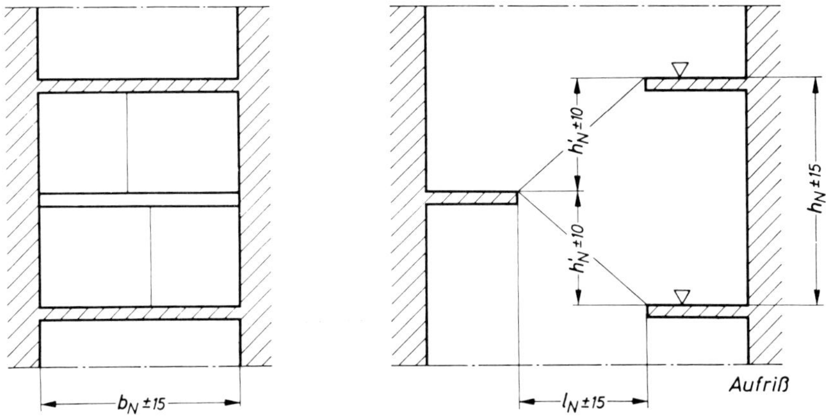

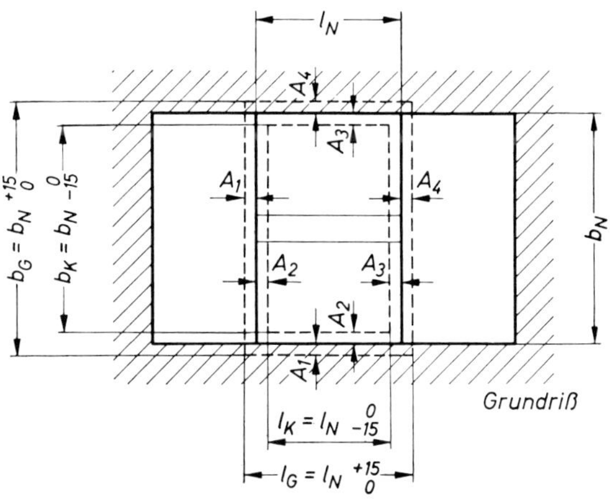

Die Istmaße der Breiten, Längen und Höhen (b_1, l_1, h_1, h'_1) müssen zwischen den entsprechenden Größt- und Kleinstmaßen liegen:

$$b_1 \leqslant b_G; \quad b_1 \leqslant b_K \qquad h_1 \leqslant h_G; \quad h_1 \leqslant h_K \qquad A_1 + A_4 \leqslant 20\ \text{mm}$$

$$l_1 \leqslant l_G; \quad l_1 \leqslant l_K \qquad h'_1 \leqslant h'_G; \quad h'_1 \geqslant h'_K \qquad A_2 + A_3 \leqslant 20\ \text{mm}$$

Bild 3. Zulässige Abmaße in Treppenräumen und bei Geschoß- und Podesthöhen im Zustand beim Einbau der Treppen

3. Prüfung

3.1. Die Einhaltung der Maße wird nur nachgeprüft, wenn es technisch erforderlich ist oder falls Unstimmigkeiten auftreten. Die Prüfung hat spätestens bis zur Bauabnahme zu erfolgen.

3.2. Für die Prüfung der Maße sollen Meßhilfswinkel (Beispiel siehe Bild 4) oder Meßhilfsrechtecke (Beispiel siehe Bild 5) verwendet werden.

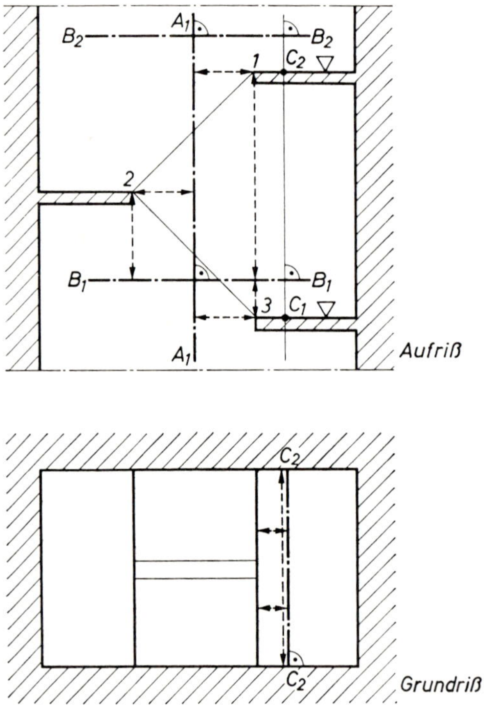

Bild 4.
Hilfswinkel und Hilfslinien zum Abmessen eines Treppenloches

Ausgangspunkt der Nachprüfung ist diejenige Längswandfläche des Treppenraumes, die am besten (bündig, eben) ausgeführt ist. Auf ihr wird die Senkrechte A1 – A1 angetragen. Diese wird mit Hilfe der Waagerechten B1 – B1 (für den unteren Podest) und *B2–B2* (für den oberen Podest) auf die Podestoberfläche mit den Waagerechten *C1–C1* (für den unteren Podest) und *C2–C2* (für den oberen Podest) auf die gegenüberliegende Längswand als Senkrechte *A2–A2* übertragen.

Von diesen Hilfslinien aus werden die notwendigen, durch Strichlinien dargestellten Stichmaße genommen, die ggf. durch weitere Maße je nach Maßgenauigkeit der

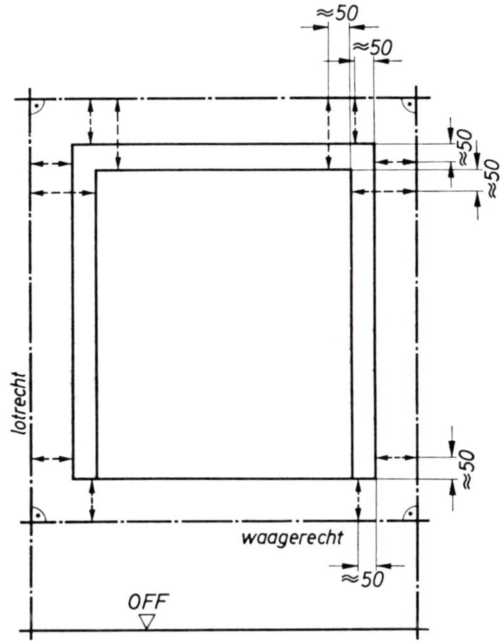

Bild 5.
Hilfsrechteck zum Aufmessen einer Fensteröffnung

Ausführung (z. B. der Podestoberkante 1, 2, 3 oder der Wandflächen) ergänzt werden müssen.
Die Podestoberflächen werden mit der Wasserwaage geprüft.

Um die Fensteröffnung wird ein Hilfsrechteck gelegt. Von ihm aus sind in etwa 50 mm Abstand von den Fensterecken die durch Strichlinien dargestellten Stichmaße zu nehmen. Weitere Zwischenmaße sind je nach Ungennauigkeit der Ausführung zu nehmen.

4.2.2. Blatt 2: Ebenheitstoleranzen für Oberflächen von Wänden, Deckenunterseiten und Bauteilen

Vornorm Juni 1974

Eine Vornorm ist eine Norm, zu der noch Vorbehalte hinsichtlich der Anwendung bestehen. Es soll versuchsweise danach gearbeitet werden.

Im vorliegenden Fall handelt es sich darum, daß das Blatt 2 mit dem z. Z. ebenfalls als Vornorm veröffentlichten Blatt 3 ,,Maßtoleranzen im Hochbau; Toleranzen für die Ebenheit der Oberflächen von Rohdecken, Estrichen und Bodenbelägen" zusammengefaßt werden soll, da inhaltlich weitgehend Übereinstimmung besteht.

Es ist beabsichtigt, spätestens bis zum 31. Dezember 1975 zu prüfen, ob die Voraussetzungen für eine Zusammenfassung zutreffen.

Gebeten wird, praktische Erfahrungen mit dieser Vornorm dem Fachnormenausschuß Bauwesen, 1 Berlin 30, Postfach 3460, mitzuteilen.

1. Geltungsbereich

Die Norm gilt für Oberflächen von Wänden, Deckenunterseiten und Bauteilen, für die in anderen DIN-Normen keine Ebenheitstoleranzen festgelegt sind.

2. Ebenheitstoleranzen

Die folgende Tabelle ist in zwei Genauigkeitsgruppen unterteilt. Die Genauigkeitsgruppe A gilt immer dann, wenn nicht höhere Anforderungen vereinbart sind.

Zeile	Genauigkeitsgruppe	Wände Deckenunterseiten Bauteile	Toleranzen[1]) in mm bei Abstand der Meßpunkte				
			bis 0,1 m	1 m	4 m	10 m	15 m u. darüber
1	A	Nicht oberflächenfertig, z.B. Rohwände aus Mauerwerk oder Beton, Untersicht Rohdecken	5[2])	10[2])	15[2])	25	30
2	A	Oberflächenfertig, z.B. geputzte Wände und Decken, Sichtbeton, Sichtmauerwerk, Fassadenbekleidungen	3[2])	5[2])	10[2])	20	25
3	B		2[2])	3[2])	8[2])	15	20

[1]) Zwischenwerte sind geradlinig einzuschalten und auf mm zu runden.
Für die Einordnung der Toleranzen gilt jeweils der Abstand der Meßpunkte.

[2]) Bei bis zu einem Stein dickem Mauerwerk gelten die Toleranzen nur für die bündige Seite.

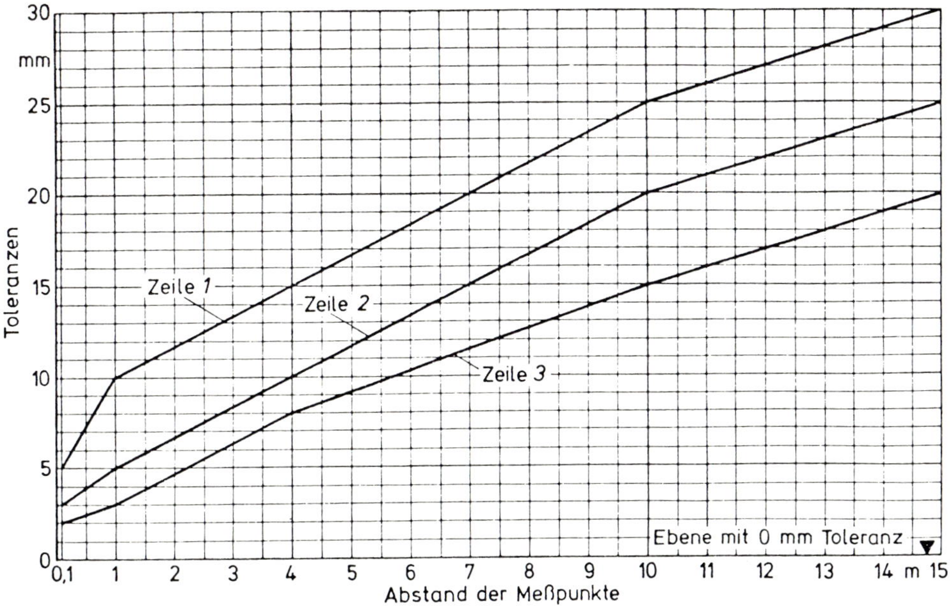

Bild 1. Ebenheitstoleranzen von Oberflächen

Die Tabelle enthält Ebenheitstoleranzen für Oberflächen von Wänden, Deckenunterseiten und Bauteilen

Bei oberflächenfertigen Wänden, Deckenseiten und Bauteilen sind Sprünge und scharfe Absätze zu vermeiden.

3. Prüfung

Die Einhaltung der Ebenheitstoleranzen wird nur geprüft, wenn es technisch erforderlich ist oder falls Unstimmigkeiten auftreten. Eine Überprüfung ist bei Unstimmigkeiten spätestens bei Bauabnahme vorzunehmen, um den Einfluß zeitabhängiger Verformungen weitgehend auszuschalten. Die erzielte Genauigkeit des Meßverfahrens zur Prüfung muß angegeben und bei der Beurteilung im Meßergebnis berücksichtigt werden.

Bild 2. Beispiele für die Zuordnung der Toleranzen (t) einer Oberfläche zu den Abständen (a) der Meßstellen

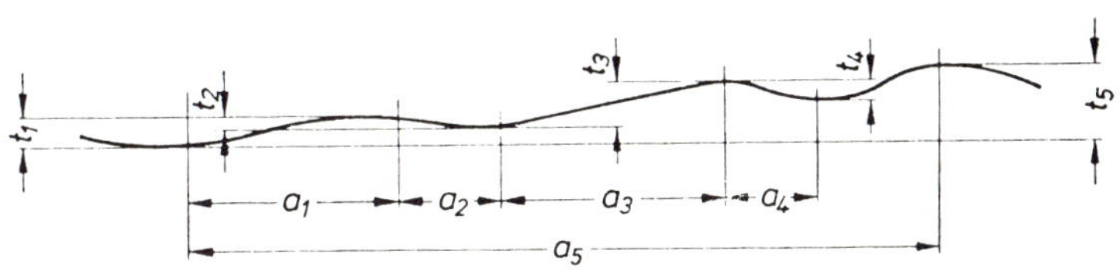

Hinweise auf weitere Normen

DIN 18201 Maßtoleranzen im Bauwesen; Begriffe, Grundsätze, Anwendung, Prüfung

DIN 18202 Blatt 1 Maßtoleranzen im Hochbau; Zulässige Abmaße für die Bauausführung, Wand- und Deckenöffnungen, Nischen, Geschoß- und Podesthöhen

DIN 18202 Blatt 3 (Vornorm) Maßtoleranzen im Hochbau; Toleranzen für die Ebenheit der Oberflächen von Rohdecken, Estrichen und Bodenbelägen

DIN 18202 Blatt 4 Maßtoleranzen im Hochbau; Abmaße für Bauwerksabmessungen

DIN 18203 Blatt 1 Maßtoleranzen im Hochbau; Vorgefertigte Teile aus Beton und Stahlbeton

4.2.3. Blatt 3: Toleranzen für die Ebenheit der Oberflächen von Rohdekken, Estrichen und Bodenbelägen

Vornorm September 1970

Eine Vornorm ist eine Norm, zu der noch Vorbehalte hinsichtlich der Anwendung bestehen. Es soll versuchsweise danach gearbeitet werden.

Im vorliegenden Falle handelt es sich darum, daß für den Abstand der Meßpunkte bis 0,1 m im Norm-Entwurf keine Werte veröffentlicht worden waren. Hierüber sollen Erfahrungen in der Praxis gesammelt werden.

Es ist beabsichtigt, spätestens bis zum 31. Dezember 1971 zu prüfen, ob diese Voraussetzungen noch zutreffen.

Gebeten wird, praktische Erfahrungen mit dieser Vornorm dem Fachnormenausschuß Bauwesen, 8600 Bamberg, Postfach 4043, mitzuteilen.

Deutscher Normenausschuß

1. Geltungsbereich

Diese Norm gilt für die Toleranzen (siehe Bild 1) zur Beurteilung der Ebenheit bei Oberflächen von Rohdecken, Estrichen und Bodenbelägen. Für Abweichungen von der geforderten Höhenlage und von der geforderten Neigung der Oberfläche gilt DIN 18202 Blatt 1 „Maßtoleranzen im Hochbau; Zulässige Abmaße für die Bauausführung" und DIN 18202 Blatt 4 „Maßtoleranzen im Hochbau; Zulässige Abmaße für Bauwerksabmessungen" (z. Z. noch Entwurf).

2. Toleranzen

2.1. Toleranzen für die Ebenheit der Oberflächen von Rohdecken, Estrichen und Bodenbelägen

Zeile	Bauteil/Baustoff	Toleranzen in mm bei Abstand der Meßpunkte[5]				
		bis 0,1 m	1 m	4 m	10 m	ab 15 m
1	Rohdecken, Unterbeton, Unterböden[1]) u.ä.	10	15	20	25	30
2	Rohdecken, Unterbeton, Unterböden[2]) u.ä.	5	8	12	15	20
3	Estriche[3]), Holzriemenböden und Zwischenschichten für Bodenbeläge (Oberbeläge) mit erhöhter Genauigkeitsanforderung nach Zeile 4	2	4	10	12	15
4	Bodenbeläge (Oberbeläge) mit erhöhter Genauigkeitsanforderung[4])	1	3	9	12	15

[1]) Zur Aufnahme von mittelbar aufliegenden Bodenbelägen (Oberbelägen) z.B. Holzfußböden auf Lagerhölzern, Fliesen im Mörtelbett oder von Ausgleichsestrichen.

[2]) Zur Aufnahme von schwimmenden Estrichen, Industrieböden, Hartstoffbelägen.

[3]) Als Nutzestriche (z.B. Industrieböden, Hartstoffbeläge) als schwimmende Estriche zur Aufnahme von Bodenbelägen; als Bodenbeläge z.B. Naturstein und Betonwerkstein mit rauher Oberfläche, Grobkeramik.

[4]) z.B. gespachtelte, gegossene und geklebte Bodenbeläge (Oberbeläge); Parkett, Naturstein und Betonwerkstein mit geschliffener Oberfläche, Feinkeramik.

[5]) Zwischenwerte sind geradlinig einzuschalten und auf mm zu runden. Ab 15 m bleibt die Toleranz konstant. Für die Einordnung der Meßpunkte gilt jeweils der Abstand der Meßpunkte.

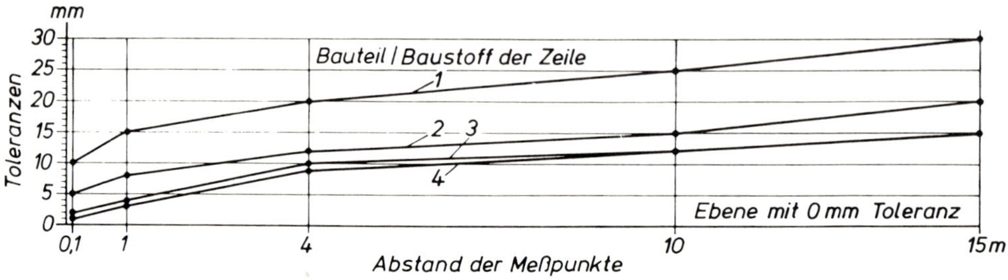

Bild 1. Toleranzen für die Ebenheit von Oberflächen nach Abschnitt 2.1

2.2. Höhenlage und Neigung der Oberflächen

Für die Toleranzen der Höhenlage und der Neigung der Oberflächen sind DIN 18202 Blatt 1, Ausgabe März 1969, Abschnitt 3.2, Bild 4 und DIN 18202 Blatt 4, z. Z. noch Entwurf März 1970, zu berücksichtigen.

3. Prüfung

Die Ebenheit einer Oberfläche ist im allgemeinen vor dem Verlegen der nächstfolgenden Schicht zu prüfen. Beanstandungen sollen sofort erfolgen. Eine Überprüfung ist bei Unstimmigkeiten spätestens bei der Bauabnahme vorzunehmen, um den Einfluß zeitabhängiger Verformungen weitgehend auszuschalten.

Die Wahl des Prüfverfahrens bleibt dem Prüfenden überlassen. Es muß sichergestellt sein, daß die Meßfehlergrenze des Prüfverfahrens weniger als 10 % der Toleranzen betragen.

Anmerkung: Formänderungen, die sich durch Temperatureinflüsse, elastische Verformung, Kriechen, Schwinden sowie konstruktiv bedingte Überhöhungen ergeben, müssen bei der Ermittlung der Toleranzen zusätzlich berücksichtigt werden.

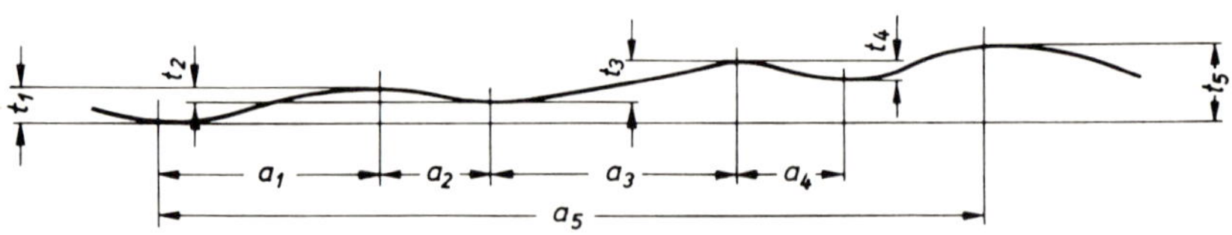

Bild 2. Beispiele für die Zuordnung der Toleranzen (t) einer Oberfläche zu den Abständen (a) der Meßstellen.

Die Toleranzen (zulässige Höhenunterschiede zweier Meßpunkte in Abhängigkeit von ihrem Abstand) beziehen sich auf den Abstand kritischer Stellen der Oberfläche. Für Rohdecken nach Zeile 2 des Abschnittes 2.1 dürfen z. B. Höhenunterschiede der Rohdeckenoberfläche im Bereich bis 0,1 m nicht mehr als 5 mm, bei 1,0 m nicht mehr als 8 mm, bei 4,0 m nicht mehr als 12 mm, usw. betragen.

4.2.4. Blatt 4: Abmaße für Bauwerksabmessungen

Ausgabe Juni 1974

1. Geltungsbereich

Die in dieser Norm festgelegten Abmaße gelten für Bauwerksabmessungen, Längen, Breiten und Höhen sowie

a) für Abweichungen von den Bezugslinien, z. B. Achsen, Raster u. ä. im Grundriß
b) für Abweichungen von den Höhen im Aufriß, z. B. für Geschoßhöhen, Aufstandsflächen und Krankonsolen
c) für Abweichungen von der Flucht im Grundriß und von der Vertikalen.

Die in der vorliegenden Norm angegebenen Abmaße gelten nur unabhängig voneinander für die in den jeweiligen Tabellenköpfen vermerkten horizontalen (Tabellen 1 und 3) oder vertikalen (Tabellen 2 und 4) Meßebenen.

Zum Geltungsbereich dieser Norm gehören nicht die in folgenden Normen enthaltenen Abmaße: DIN 18202 Blatt 1 und DIN 18203 Blatt 1.

Die in DIN 18202 Blatt 2 (Vornorm) und in DIN 18202 Blatt 3 (Vornorm) geführten Toleranzen für Ebenheiten sind gesondert zu betrachten.

2. Abmaße

2.1. Die folgenden Tabellen sind in drei Gruppen unterteilt.

Die Gruppe A ist bei allen Bauwerken ohne besondere Anforderungen an die Genauigkeit einzuhalten. Sie gilt immer, wenn nicht höhere Anforderungen vereinbart werden.

Gruppe B und Gruppe C gelten bei höheren Anforderungen an die Genauigkeit (z. B. aus konstruktiven oder funktionellen Gründen); treffen mehrere und unterschiedliche Anforderungen an die Genauigkeit zusammen, so ist die Anforderung mit den kleineren Abmaßen einzuhalten.

2.2. Abmaße von horizontalen Strecken zwischen Meßpunkten in Bauwerken

Tabelle 1.

Gruppe	Abmaße in mm bei Abstand der Meßpunkte				
	bis 4 m[1])	10 m[1])	25 m[1])	50 m[1])	100 m[1])
A	± 10	± 15	± 20	± 25	± 40
B	± 5	± 10	± 15	± 20	± 30
C	± 3	± 5	± 10	± 15	± 20

[1]) Bei Abständen von 4 bis 100 m sind Zwischenwerte geradlinig einzuschalten und auf mm zu runden.

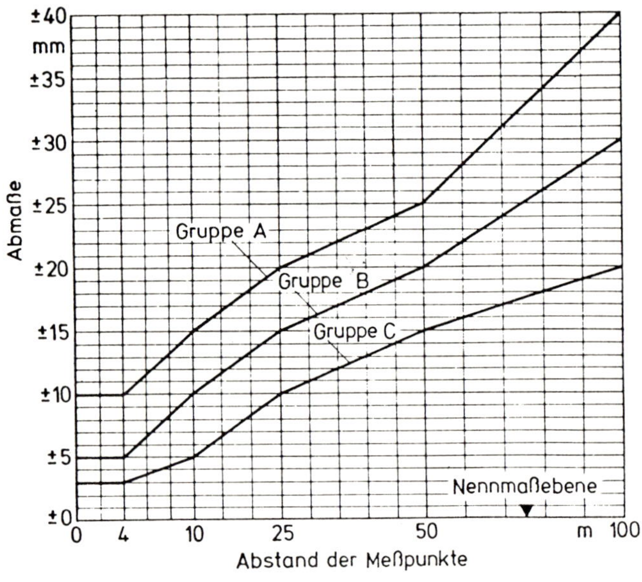

Bild 1.
Abmaße von horizontalen Strecken zwischen Meßpunkten in Bauwerken und Bauwerksteilen

Keramik-Rohr Vertriebs- und Beratungs GmbH

Graf-Adolf-Straße 43
4000 Düsseldorf 1
Tel. 0211/370932
Telex 8587888

Prüfbescheid
PA - I 2370

muffenloses

HepSleve - Steinzeugrohrsystem

DN 100, 150 und 200 mm

INSTITUT FÜR BAUTECHNIK

1 Berlin 30, den 30. Dezember 1976
Reichpietschufer 72-76
Telefon: 2503-1 Durchwahl: 2503- 276
Telex: 185413 ifbt

GeschZ.: III/2-2.51.1-13/74

Prüfbescheid

Gegenstand des Prüfbescheids: Muffenlose Abwasserrohre und Formstücke DN 100 bis DN 200 aus Steinzeug ohne Glasur einschließlich Kupplungen aus Polypropylen (PP)

Antragsteller: The HEPWORTH Iron Company Limited, Hazlehead Stocksbridge, GB-Sheffield S 30 5 HG

Geltungsdauer bis: 31. Dezember 1981

Prüfzeichen: PA-I 2370

Dieses Prüfzeichen wird dem oben genannten Gegenstand

unter den nachstehenden Bestimmungen zugeteilt / erteilt.

Bemerkungen:

Die Abwasserrohre und Formstücke wurden nach den Bau- und Prüfgrundsätzen für Abwasserrohre und Formstücke aus Steinzeug in Sonderausführung - Fassung Oktober 1975 - und die Kupplungen nach den Bau- und Prüfgrundsätzen für Verbindungen mit elastomeren Dichtmitteln für muffenlose Abwasserrohre und Formstücke der Grundstücksentwässerung - Fassung September 1974 - geprüft.

Der Gegenstand dieses Prüfbescheids darf nur verwendet werden, wenn seine Herstellung überwacht / güteüberwacht ist und dies auf der Baustelle nachgewiesen wird (siehe Abschnitt 3 und 4 der Allgemeinen Bestimmungen).

Die Fremdüberwachung des Herstellwerks Hazlehead Stocksbridge erfolgt durch das Staatl. Materialprüfungsamt Nordrhein-Westfalen (s. Bescheid des Instituts für Bautechnik vom 6. September 1976).

Dieser Prüfbescheid umfaßt vier Seiten und sechs Blatt Anlagen, die Bestandteil dieses Bescheids sind.

I. Allgemeine Bestimmungen

1. Das Prüfzeichen befreit die Bauaufsichtsbehörden von der Verpflichtung, die Brauchbarkeit der prüfzeichenpflichtigen Baustoffe, Bauteile oder Einrichtungen für den beschriebenen Verwendungszweck oder Anwendungszweck zu prüfen. Die Bauaufsichtsbehörde hat jedoch bei der Verwendung oder Anwendung der prüfzeichenpflichtigen Baustoffe, Bauteile oder Einrichtungen die Einhaltung der mit diesem Prüfbescheid verbundenen Auflagen zu überwachen.

2. Der Prüfbescheid ersetzt nicht die für die Durchführung von Bauvorhaben erforderlichen Genehmigungen.

3. Der Prüfbescheid ist in Abschrift oder Fotokopie der Bauaufsichtsbehörde auf Verlangen vorzulegen. In geeigneter Form ist dabei auch der Nachweis (s. Abschn. 4) zu führen, daß die Herstellung der prüfzeichenpflichtigen Baustoffe, Bauteile oder Einrichtungen überwacht / güteüberwacht wird.

4. Die prüfzeichenpflichtigen Baustoffe, Bauteile oder Einrichtungen dürfen erst dann verwendet werden, wenn der Hersteller dem Institut für Bautechnik den Eignungsnachweis und Überwachungsnachweis erbracht hat und darüber einen Bescheid (Zustimmung zum Überwachungsvertrag bzw. Güteüberwachungsbescheinigung) des Instituts für Bautechnik besitzt. Soweit nach bauaufsichtlichen Vorschriften zur Übertragung des Prüfbescheids auf Dritte eine Genehmigung (Zustimmung) erforderlich ist, tritt diese an die Stelle des Eignungsnachweises und Überwachungsnachweises. Für die Ausstellung des Bescheids bleibt die Vornahme einer besonderen Prüfung vorbehalten.

5. Bei jeder Verwendung oder Anwendung der prüfzeichenpflichtigen Baustoffe, Bauteile oder Einrichtungen muß an der Verwendungsstätte der Prüfbescheid in Abschrift oder Fotokopie vorliegen.

6. Das Prüfzeichen wird unbeschadet der Rechte Dritter zugeteilt.

7. Der Prüfbescheid kann mit sofortiger Wirkung widerrufen werden, wenn seinen Auflagen nicht entsprochen wird. Der Prüfbescheid wird widerrufen, ergänzt oder geändert, wenn sich die prüfzeichenpflichtigen Baustoffe, Bauteile oder Einrichtungen nicht bewähren, insbesondere auch dann, wenn neue technische Erkenntnisse dies begründen.

8. Der Prüfbescheid darf nur im ganzen mit den dazugehörigen Anlagen vervielfältigt werden. Eine auszugsweise Veröffentlichung bedarf der Genehmigung des Instituts für Bautechnik.
   Der Text und die Zeichnungen von Werbeschriften dürfen dem Prüfbescheid nicht widersprechen. Dies gilt für die Nachweise der Überwachung / Güteüberwachung (Abschn. 4) entsprechend.

9. Die obersten Bauaufsichtsbehörden und die von ihnen beauftragten Stellen sind berechtigt, jederzeit durch Stichproben auf Kosten des Herstellers die Einhaltung der Auflagen dieses Prüfbescheids im Herstellerwerk oder auf der Baustelle zu prüfen oder prüfen zu lassen.

10. Der Prüfbescheid berücksichtigt den derzeitigen Stand der technischen Erkenntnisse. Eine Aussage über die Bewährung der prüfzeichenpflichtigen Baustoffe, Bauteile oder Einrichtungen ist mit der Zuteilung des Prüfzeichens nicht verbunden.

11. Der Hersteller der prüfzeichenpflichtigen Baustoffe, Bauteile oder Einrichtungen ist dafür verantwortlich, daß die aufgrund des Bescheids herzustellenden prüfzeichenpflichtigen Baustoffe, Bauteile oder Einrichtungen mit den geprüften in Bauart, Zusammensetzung und Beschaffenheit übereinstimmen.

12. Das auf Seite 1 dieses Prüfbescheids angegebene Prüfzeichen ist leicht erkennbar und dauerhaft auf den Außenseite der Bauteile anzubringen.

II. Besondere Bestimmungen

1 Die ständig ordnungsgemäße Herstellung der Dichtungen ist aufgrund von Absatz 4 der Allgemeinen Bestimmungen gemäß der Norm DIN 4060 Teil 1, Ausgabe März 1976 bzw. den "Bau- und Prüfgrundsätzen für Verbindungen mit elastomeren Dichtmitteln für muffenlose Abwasserrohre und Formstücke der Grundstücksentwässerung", Fassung September 1974, zu überwachen.

2 Die ständig ordnungsgemäße Herstellung der muffenlosen Steinzeugrohre und Formstücke in Sonderausführung ist aufgrund von Absatz 4 der Allgemeinen Bestimmungen gemäß den "Bau- und Prüfgrundsätzen für Abwasserrohre und Formstücke aus Steinzeugrohr in Sonderausführung", Fassung Oktober 1975 sowie im Sinne von Abschnitt 5 der Norm DIN 1230 Blatt 2, Ausgabe Januar 1972, zu überwachen.

3 Für die Hauptabmessungen der Rohre und Formstücke einschließlich der Toleranzen gelten die Angaben auf dem Blatt 2.

4 Die Dichtelemente in den Kupplungskörpern nach Blatt 5 müssen in Form und Abmessungen sowie in ihrer sonstigen Beschaffenheit denen entsprechen, die gemäß Tabelle 2 des Prüfzeugnisses Nr. 22 0598 5 75 vom 2. April 1976 des Staatlichen Materialprüfungsamtes Nordrhein-Westfalen geprüft wurden.

5 Die Kanten der muffenlosen Rohre und Formstücke sind abgerundet oder angefast entsprechend folgenden Darstellungen herzustellen:

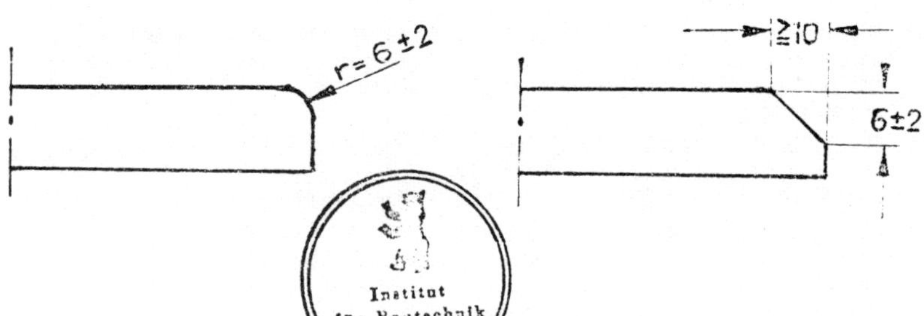

6 Für die Verwendung der Bauteile gelten in ihrer jeweils gültigen Fassung die Bestimmungen von DIN 1986 Blatt 1 und Blatt 2 - Grundstücksentwässerungsanlagen -.

Im Auftrag

Ulbrich

Institut für Bautechnik in Berlin 4

DAS HEPSLEVE ROHRSYSTEM

Technische Beschreibung und Maßangaben

1. Hersteller

   Das HepSleve Rohrsystem wird hergestellt von der The Hepworth Iron Co. Ltd., Hazlehead, Stocksbridge, Sheffield S30 5HG, England.

2. Bestandteile

   Das HepSleve Rohrsystem besteht aus Rohren und Formstücken aus Steinzeug[1], Rohrkupplungen aus Polypropylen sowie Zubehör aus beiden Materialien.

3. Anwendungsbereich

   Das HepSleve Rohrsystem wird zum Bau von erdverlegten Abwasserkanälen und -leitungen verwendet, die als Freispiegelleitungen betrieben, und nach DIN 1986 und DIN 4033 ausgeführt werden.

4. Masse

4.1 Massbuchstaben

   Sofern nicht besonders vermerkt entsprechen die im folgenden verwendeten Massbuchstaben den Angaben in DIN 1230, Blatt 1, Absatz 4.1.

1) Der Begriff Steinzeug wird hier im gleichen Sinne verwendet wie in DIN 1230 definiert.

November, 1976.

1. Anlage zum Prüfbescheid
PA - I 2370 vom 30. Dez. 1976
Institut für Bautechnik
in Berlin

4.2 Rohre

Die Masse sind in Tabelle 1 festgelegt. Material: Steinzeug.

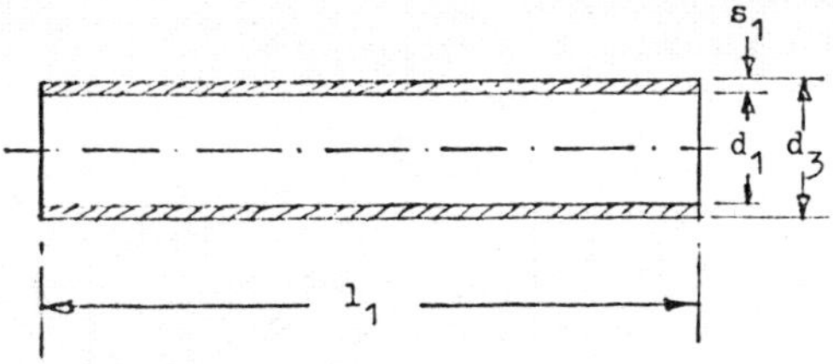

Tabelle 1

DN	d_1	Baulänge $l_1 \pm 2\%$	Wanddicke s_1	Aussendurchmesser d_3 a	b	c
100	101,5 ± 3,5	1500	14,5 ± 0,5	130,30	133,35	134,6
125	126,0 ± 4,0	1500	16,0 ± 0,5	158,35	161,65	162,9
150	151,0 ± 5,0	1500	18,0 ± 0,5	186,20	189,45	190,7
200	202,0 ± 5,0	1500	22,0 ± 1,0	242,5	247,0	248,3

Anmerkung zu den Toleranzen:
Da die Funktion der Dichtung in der flexiblen Rohrkupplung nicht auf dem Mass des Durchmessers sondern auf dem Umfangsmass beruht, sind in der Spalte a die sich aus dem kleinsten zulässigen Umfang ergebenden durchschnittlichen Minimaldurchmesser angegeben. In der Spalte b sind in gleicher Weise die durchschnittlichen Maximaldurchmesser angegeben. In Spalte c ist der grösste Durchmesser angegeben, der sich bei einer Einzelmessung ergeben darf.

Ausführung der Spitzenden.
Die Spitzenden sind zur Erleichterung des Einschiebens in die Rohrkupplung leicht angefast.

2. Anlage zum Prüfbescheid
PA-I 2370 vom 30.Dez.1976

Institut für Bautechnik
in Berlin

4.3 Bogen

Die Masse sind in Tabelle 2 und 2a festgelegt, alle anderen Masse und Toleranzen nach Tabelle 1. Material: Steinzeug. Spitzenden auf mindestens 38 mm zylindrisch

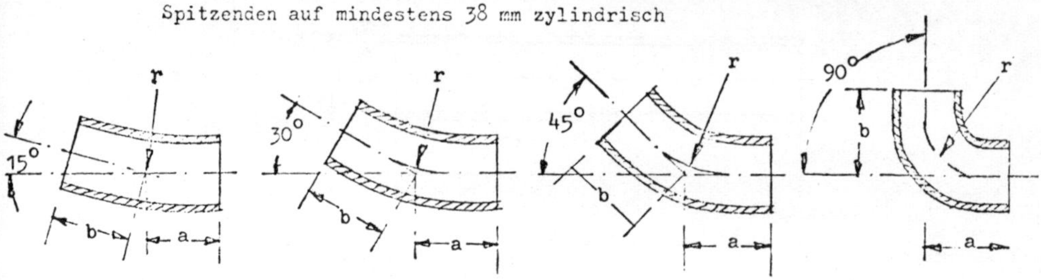

Tabelle 2

Nennweite DN	Bogen 15°			Bogen 30°			Bogen 45°			Bogen 90°		
	a	b	r	a	b	r	a	b	r	a	b	r
100	150	150	1140	146	146	545	135	135	255	190	190	150
125	170	170	1290	170	170	634	183	183	380	230	230	190
150	170	170	1290	170	170	634	183	183	380	230	230	190
200	210	210	1595	210	210	780	220	220	535	265	265	215

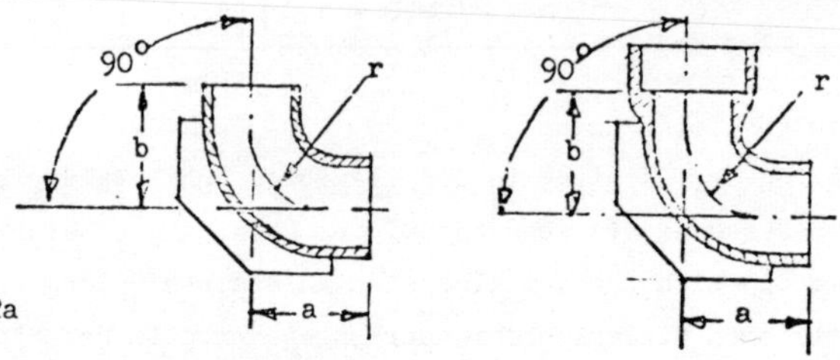

Tabelle 2a

Nennweite DN	Bogen 90° mit Auflager		
	a	b	r
100	255	255	215
125	265	265	230
150	265	265	230
200	305	305	255

3. Anlage zum Prüfbescheid
PA - I 2370 vom 30. Dez. 1976
Institut für Bautechnik
In Berlin

Bei Ausführung mit Muffe sind die Muffenabmessungen nach DIN 1230. Bogen 90° dürfen nur für den Anschluss von Falleitungen an Grundleitungen verwendet werden. Innerhalb von Grundleitungen sind sie nicht zulässig.

Institut für Bautechnik in Berlin 4

4.4 Abzweige

Die Masse sind in Tabelle 3 festgolegt, alle anderen Masse und Toleranzen nach Tabelle 1. Material Steinzeug.

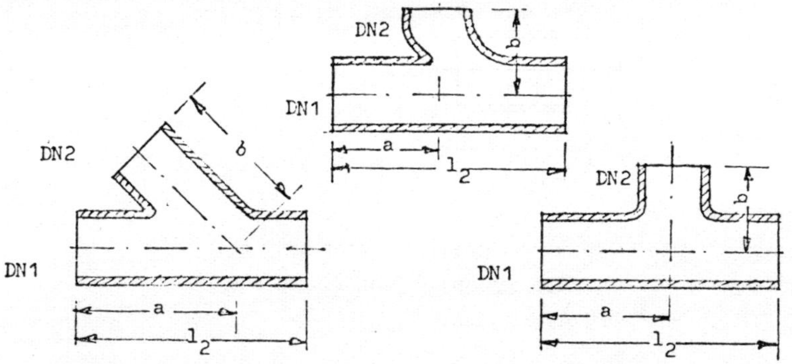

Tabelle 3

Nennweite		Abzweig 45°		Abzweig 90°		Abzw. 90° m. Bogen+)		l_2
DN1	DN2	a	b	a	b	a	b	
100	100	230	230	190	150	180	180	400
125	100					-	-	400
125	125					-	-	400
150	100	300	300	230	200	230	200	400
150	125					-	-	400
150	150					-	-	500
200	100	350	320	250	210	200	250	500
200	125	370	350	250	220	200	260	500
200	150	390	380	250	230	200	270	500
200	200	430	430	250	230	200	270	500

+) Spitzende am Bogen auf mindestens 38 mm zylindrisch

4.5 Ubergangsstück

Die Masse sind in Tabelle 4 festgelegt, alle anderen Masse und Toleranzen nach Tabelle 1. Material: Steinzeug

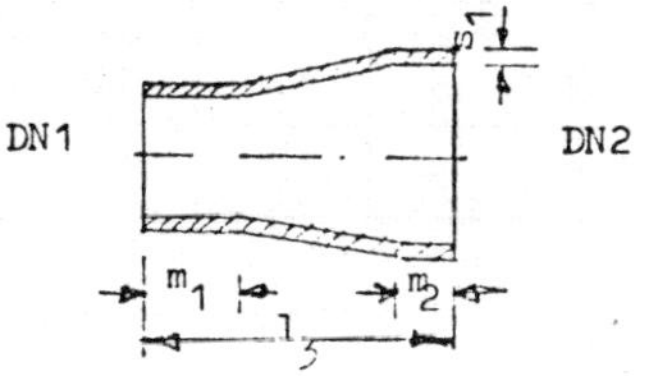

Tabelle 4

Nennweite DN1	DN2	s_1	l_3	m_1	m_2
100	125	11,3	300	130	50
125	150	16,0	300	130	50
100	150	18,0	300	130	50
150	200	22,0	600		

4.6 Anschlussstücke mit Muffe.

Länge für alle Nennweiten l_4 = 300, Masse der Muffe nach DIN 1230, alle anderen Masse und Toleranzen nach Tabelle 1. Material: Steinzeug.

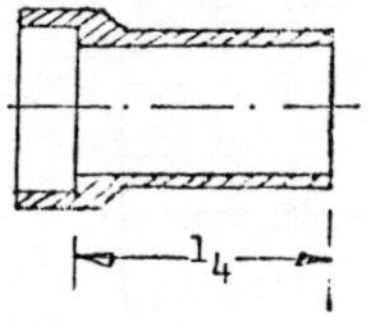

4.7 Rohrkupplung.

Die Masse sind in Tabelle 6 festgelegt. Bestehend aus:
1 Kupplungskörper aus Polypropylen, 2 Dichtringen aus SBR und 2 Halteringen aus Polypropylen.

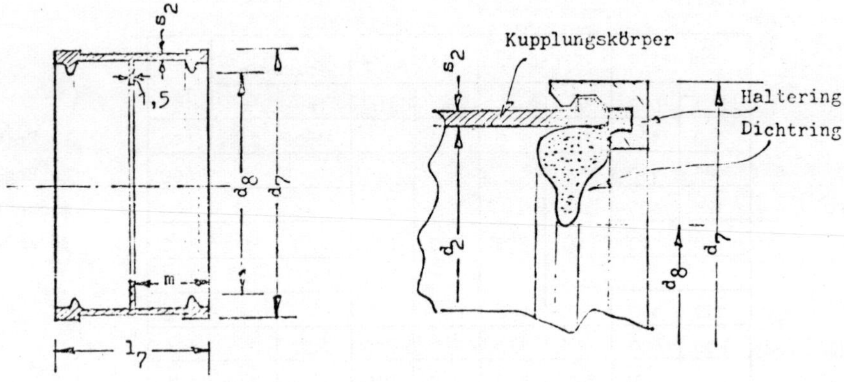

Tabelle 6

DN	d_2	d_7	d_8	s_2	l_7	m
100	140	150	124,0 ± 0,4	1,5	92	45
125	168	179	151,6 ± 0,4	1,7	102	50
150	200	212	177,2 ± 0,4	2,5	119	58
200	258	272	232,5 ± 0,5	2,5	135	66

5. Anlage zum Prüfbescheid
PA-I 2370 vom 30. Dez. 1976

Institut für Bautechnik
in Berlin

4.8 Anschlusskupplung

Ausführung wie 4.7, Material Polypropylen und SBR.

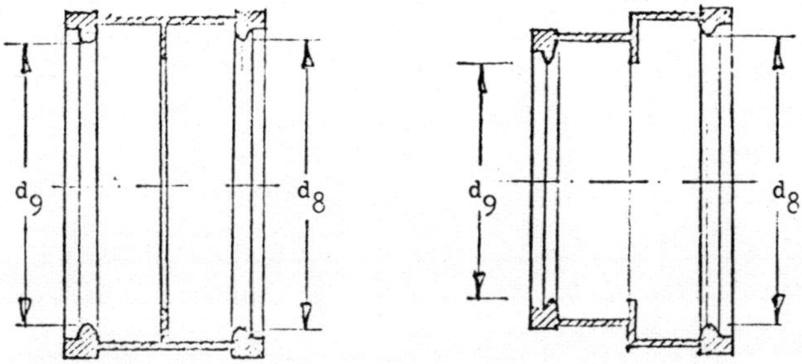

Für PVC-Rohr DN 100 nach DIN 19531 usw und

für Gussrohr DN 100 nach DIN 19500 usw .... d_9 = 105,7 ± 0,4

Für Asbestzementrohr NW 100 nach DIN 19831 usw d_9 = 113,1 ± 0,4

4.9 Abzweigkupplung

Ausführung der Dichtung wie 4.7, Material: Polypropylen, SBR.

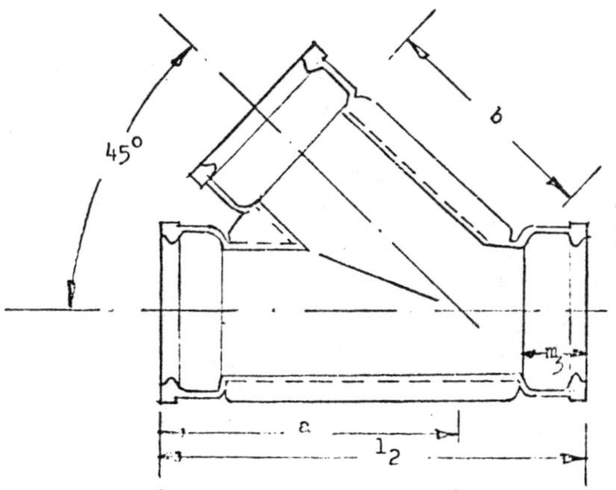

DN 100, a = 161mm, b = 173mm, l_2 = 184mm, m_3 = 60mm

2.3. Abmaße von vertikalen Strecken an Bauwerken in Abhängigkeit vom Abstand der Meßpunkte in der horizontalen Ausgangsebene

Tabelle 2.

Abmaße der Höhenabstände in mm bei Abständen des Meßpunktes vom Ausgangspunkt						
im Grundriß	Gruppe	in der Höhe bis 4 m[1])	10 m[1])	25 m[1])	50 m[1])	100 m[1])
bis 10 m	A B C	± 15 ± 10 ± 5	± 20 ± 15 ± 10	± 25 ± 20 ± 15	± 30 ± 25 ± 20	± 40 ± 30 ± 25
über 10 m bis 25 m	A B C	± 20 ± 15 ± 10	± 25 ± 20 ± 15	± 30 ± 25 ± 20	± 35 ± 30 ± 25	± 40 ± 35 ± 30
über 25 m bis 50 m	A B C	± 25 ± 20 ± 15	± 30 ± 25 ± 20	± 35 ± 30 ± 25	± 40 ± 35 ± 30	± 45 ± 40 ± 35
über 50 m	A B C	± 30 ± 25 ± 20	± 35 ± 30 ± 25	± 40 ± 35 ± 30	± 45 ± 40 ± 35	± 50 ± 35 ± 30

[1]) Bei Höhenabständen von 4 bis 100 m sind Zwischenwerte geradlinig einzuschalten und auf mm zu runden.

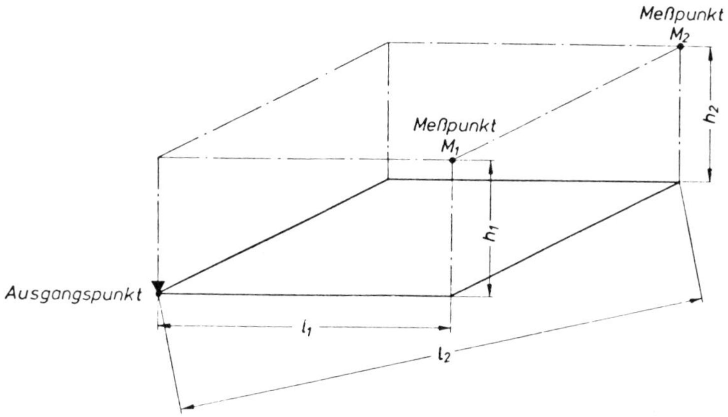

Bild 2. Beispiele zur Tabelle 2 für die Zuordnung der Abmaße der Höhenabstände zu den Abständen der Meßpunkte im Grundriß und in der Höhe. Meßpunkt M 1 läßt sich ermitteln über die Abstände /1 (Grundmaß) und h 1 (Höhe).

2.4. Abmaße für Fluchten in horizontaler Richtung

Tabelle 3.

Gruppe	Abmaße in mm bei Abstand der Meßpunkte bis 4 m[1])	10 m[1])	25 m[1])	50 m[1])	100 m[1])
A	± 10	± 15	± 20	± 20	± 25
B	± 8	± 10	± 15	± 15	± 20
C	± 5	± 5	± 10	± 10	± 15

[1]) Bei Abständen von 4 bis 100 m sind Zwischenwerte geradlinig einzuschalten und auf mm zu runden.

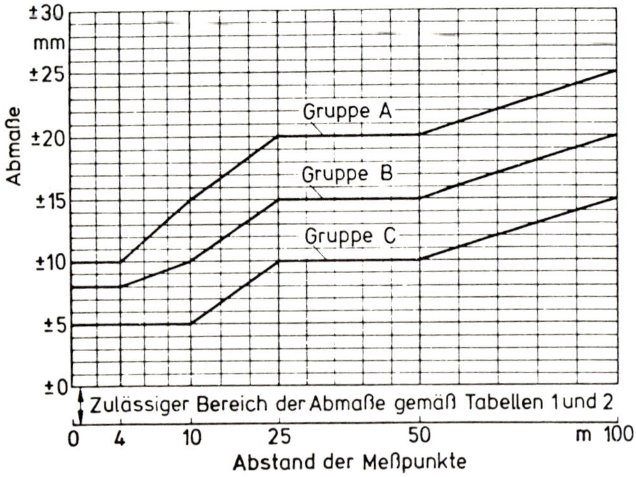

Bild 3.
Abmaße für Fluchten im horizontalen Bereich

2.5. Abmaße für Fluchten in vertikaler Richtung

Tabelle 4.

Gruppe	Abmaße in mm bei Abstand der Meßpunkte				
	bis 4 m[1])	10 m[1])	25m[1])	50 m[1])	100 m[1])
A	± 10	± 10	± 15	± 20	± 25
B	± 8	± 8	± 10	± 15	± 20
C	± 5	± 5	± 5	± 10	± 15

[1]) Bei Abständen von 4 bis 100 m sind Zwischenwerte geradlinig einzuschalten und auf mm zu runden.

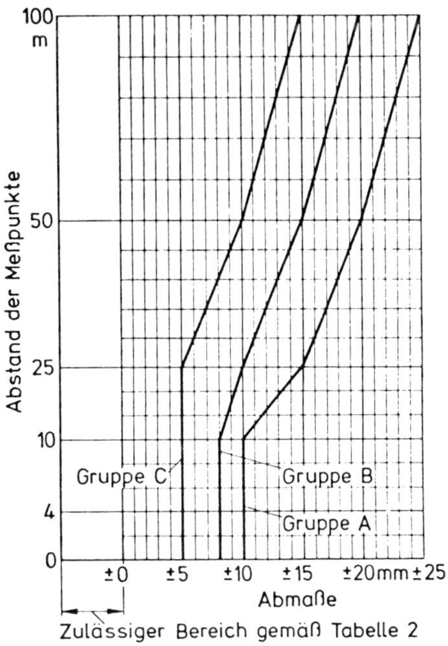

Bild 4. Abmaße für Fluchten in der Vertikalen

3. Prüfung

Die Einhaltung der Abmaße wird nur geprüft, wenn es technisch erforderlich ist oder falls Unstimmigkeiten auftreten. Eine Überprüfung ist bei Unstimmigkeiten spätestens bei Bauabnahme vorzunehmen, um den Einfluß zeitabhängiger Verformungen weitgehend auszuschalten. Die erzielte Genauigkeit des Meßverfahrens zur Prüfung muß angegeben und bei der Beurteilung im Meßergebnis berücksichtigt werden.

Hinweise auf weitere Normen

DIN 18201 Maßtoleranzen an Bauwesen; Begriffe, Grundsätze, Anwendung, Prüfung

DIN 18202 Blatt 1 Maßtoleranzen im Hochbau; Zulässige Abmaße für die Bauausführung, Wand- und Deckenöffnungen, Nischen, Geschoß- und Podesthöhen

DIN 18202 Blatt 2 (Vornorm) Maßtoleranzen im Hochbau; Ebenheitstoleranzen für Oberflächen von Wänden, Deckenunterseiten und Bauteilen

DIN 18202 Blatt 3 (Vornorm) Maßtoleranzen im Hochbau; Toleranzen für die Ebenheit der Oberflächen von Rohdecken, Estrichen und Bodenbelägen

DIN 18203 Blatt 1 Maßtoleranzen im Hochbau; Vorgefertigte Teile aus Beton und Stahlbeton

4.3. DIN 18203 Maßtoleranzen im Hochbau
Blatt 1: Vorgefertigte Teile aus Beton und Stahlbeton

Ausgabe Juni 1974

1. Geltungsbereich

Die Abmaße dieser Norm gelten für vorgefertigte Bauteile aus Beton und Stahlbeton wie Stützen, Wandtafeln, Decken- und Dachplatten, Binder, Pfetten und Unterzüge.

2. Abmaße

Die Abmaße dürfen an keinem Teil überschritten werden

Die folgenden Tabellen sind in zwei Genauigkeitsgruppen unterteilt. Die Genauigkeitsgruppe A gilt immer dann, wenn nicht höhere Anforderungen vereinbart sind.

2.1. Abmaße für Stützen

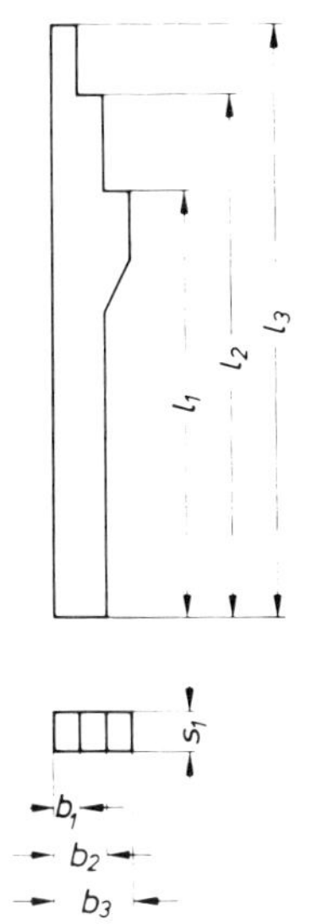

Bild 1. Stützen (Beispiel)

Tabelle 1 Querschnittsmaße

Genauigkeits-gruppe	Abmaße in mm für Querschnittsgrößen b_1, b_2, b_3 und s_1 (siehe Bild 1)[1] bis 0,15 m	bis 0,3 m	1 m und darüber
A	± 3	± 5	± 10
B	± 2	± 3	± 8

[1]) Zwischenwerte sind geradlinig einzuschalten und auf mm zu runden.

Tabelle 2. Längen

Genauigkeits-gruppe	Abmaße in mm für Längen l_1, l_2, l_3 (siehe Bild 1)[2] bis 4 m	10 m	20 m u. darüber
A	± 5	± 10	± 20
B	± 5	± 10	± 15

[2]) Zwischenwerte sind geradlinig einzuschalten und auf mm zu runden.

2.2. Abmaße für Wandtafeln und Fassadenplatten

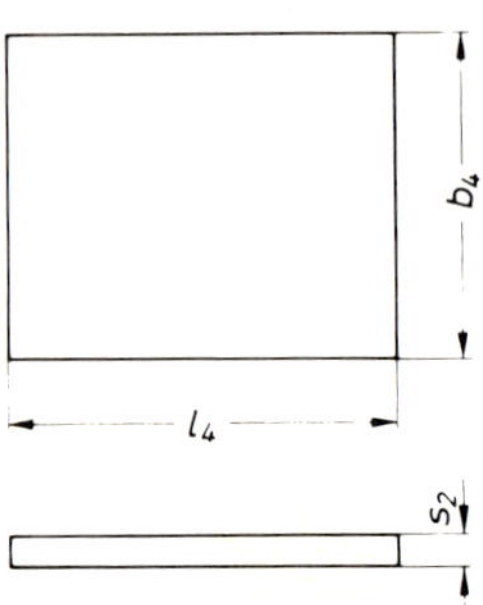

Bild 2. Wandtafeln und Fassadenplatten (Beispiel)

Tabelle 3. Längen und Breiten

Genauigkeits-gruppe	Abmaße in mm für Längen und Breiten b_4 und l_4 (siehe Bild 2)[3] bis 4 m	 10 m und darüber
A	± 8	± 15
B	± 5	± 10

[3]) Zwischenwerte sind geradlinig einzuschalten und auf mm zu runden

Tabelle 4. Dicken

Genauigkeits-gruppe	Abmaße in mm für Dicken s_2 (siehe Bild 2) [4]) bis 0,1 m	 0,3 m
A	± 5	± 10
B	± 5	± 5

[4]) Zwischenwerte sind geradlinig einzuschalten und auf mm zu runden.

2.3. Abmaße für Decken- und Dachplatten

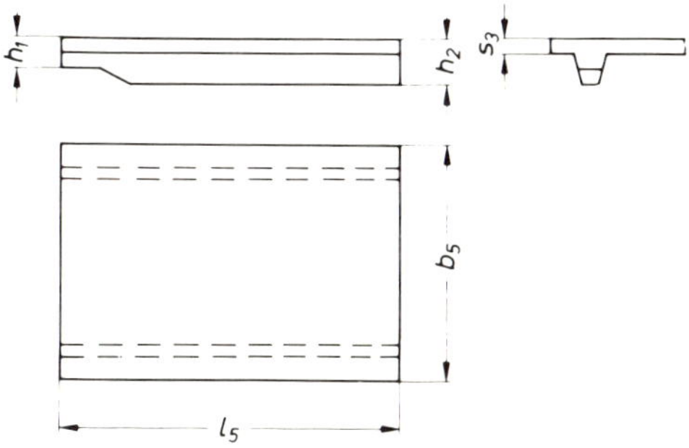

Bild 3. Decken- und Dachplatten (Beispiel)

Tabelle 5. Längen und Breiten

Genauigkeits-gruppe	Abmaße in mm für Längen und Breiten l_5 und b_5 (siehe Bild 3) [5]	
	bis 3 m	10 m und darüber
A	± 8	± 15
B	± 5	± 10

[5]) Zwischenwerte sind geradlinig einzuschalten und auf mm zu runden.

Tabelle 6. Auflagerhöhen

Genauigkeits-gruppe	Abmaße in mm für Auflagerhöhen h_1 und h_2 (siehe Bild 3) [6]	
	bis 0,2 m	o,5 m und darüber
A	± 5	± 15
B	± 5	± 10

[6]) Zwischenwerte sind geradlinig einzuschalten und auf mm zu runden.

Tabelle 7. Plattendicken

Genauigkeits-gruppe	Abmaße in mm für Plattendicken s_3 (siehe Bild 3) [7]		
	bis 0,1 m	0,3 m	0,8 m und darüber
A	± 5	± 10	± 15
B	± 5	± 5	± 10

[7]) Zwischenwerte sind geradlinig einzuschalten und auf mm zu runden

2.4. Abmaße für Binder, Pfetten, Unterzüge

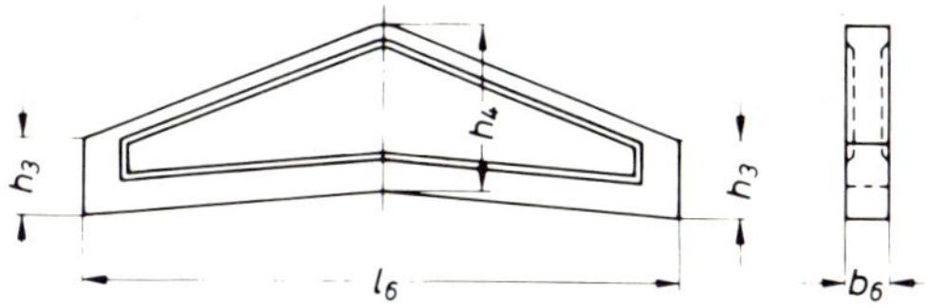

Bild 4. Binder, Pfetten, Unterzüge (Beispiel)

Tabelle 8. Höhen

Genauigkeits-gruppe	Abmaße in mm für Höhen h_3 und h_4 (siehe Bild 4)[8]	
	bis 0,2 m	1,5 m und darüber
A	± 5	± 20
B	± 5	± 15

[8]) Zwischenwerte sind geradlinig einzuschalten und auf mm zu runden.

Tabelle 9. Breiten

Genauigkeits-gruppe	Abmaße in mm bei Breiten b_1 (siehe Bild 4)[9]	
	bis 0,3 m	0,5 m und darüber
A	± 5	± 10
B	± 5	± 8

[9]) Zwischenwerte sind geradlinig einzuschalten und auf mm zu runden.

Tabelle 10. Längen

Genauigkeits-gruppe	Abmaße in mm bei Längen l_6 (siehe Bild 4)[10]	
	bis 6,5 m	25 m und darüber
A	± 5	± 20
B	± 5	± 15

[10]) Zwischenwerte sind geradlinig einzuschalten und auf mm zu runden.

3. Prüfung

Die Einhaltung der Abmaße wird nur geprüft, wenn es technisch erforderlich ist oder falls Unstimmigkeiten auftreten. Eine Überprüfung ist bei Unstimmigkeiten spätestens bei Bauabnahme vorzunehmen, um den Einfluß zeitabhängiger Verformungen weitgehend auszuschalten. Die erzielte Genauigkeit des Meßverfahrens zur Prüfung muß angegeben und bei der Beurteilung im Meßergebnis berücksichtigt werden.

Hinweise auf weitere Normen

DIN 18201 Maßtoleranzen im Bauwesen; Begriffe, Grundsätze, Anwendung, Prüfung

DIN 18202 Blatt 1 Maßtoleranzen im Hochbau; Zulässige Abmaße für die Bauausführung, Wand- und Deckenöffnungen, Nischen, Geschoß- und Podesthöhen

DIN 18202 Blatt 2 (Vornorm) Maßtoleranzen im Hochbau; Ebenheitstoleranzen für Oberflächen von Wänden, Deckenunterseiten und Bauteilen

DIN 18202 Blatt 3 (Vornorm) Maßtoleranzen im Hochbau; Toleranzen für die Ebenheit der Oberflächen von Rohdecken, Estrichen und Bodenbelägen

DIN 18202 Blatt 4 Maßtoleranzen im Hochbau; Abmaße für Bauwerksabmessungen

5. Anhang

Normen, Richlinien und Vorschläge im Rahmen der internationalen Normenarbeiten ISO (International Organization for Standardization, Genf, 1. rue de Varembé[1]):

ISO 1803[2] Toleranzordnung für das Bauwesen – Begriffe, 1. Ausgabe 1973 – 11 – 01 (Tolerances for Building – Vocabulary).

In dieser internationalen Norm werden die Begriffe definiert, die die Toleranzenordnung der Bauindustrie betreffen, insbesondere, die für den Fertigbau und die Montage auf der Baustelle erforderlich sind. Sie klammert die Definitionen der Mechanik aus, die in einer besonderen Richtlinie – ISO/R 286, ISO Grenzen- und Passungsordnung, Teil 1: Allgemeines, Toleranzen und Abmaße – behandelt werden.
Ihre Anwendung erstreckt sich sowohl auf die Fertigung von Bauteilen als auch auf die Ausführung von Bauwerken. Bauteile und Bauwerke werden geometrisch definiert und klassifiziert, die Bezugsbedingungen angegeben und schließlich die Begriffe der Maße, der Abmessungen, ihrer Toleranzen und Abmaße analysiert und beschrieben. In diesem Zusammenhang werden auch die mit der Toleranzenordnung nicht trennbaren Begriffe für Bezugssysteme und Koordinationsmaße (vgl. DIn 18 000, Blatt 1 – 3) und für das Zusammenfügen von Bauteilen (Fugen) behandelt.

Außer der ISO 1803 werden in der internationalen Normenarbeit folgende Themen zur Norm vorbereitet[3]:

ISO/DIS 3443 Toleranzenordnung für das Bauwesen – Grundsätze zur Wertbestimmung und Spezifkation (Tolerances for building – Basic principles for evaluation and specification – UDC 72.0 11)

Dieser Entwurf befaßt sich mit der Beschaffenheit der Maßveränderlichkeit im Bauwesen sowie mit der quantitativen Zweckbestimmung. In diesem Zusammenhang

[1] Der rechtliche Status der ISO ist der einer nichtstaatlichen Organisation. Sie ist in der Schweiz den Artikeln 60 ff. des schweizerischen bürgerlichen Gesetzbuches entsprechend als juristische Person eingetragen. Die ISO hat beratenden Status bei der UN (ECOSOC) und bei den zuständigen UN-Gremien und UN-Sonderorganisationen.
Auf dem Gebiet der Maßordnung und der Bautoleranzen (ISO/TC 59) ist der FNBau mitarbeitendes Mitglied und dadurch angehalten, die zuständigen ISO-Normen bei der nationalen Normenarbeit zu berücksichtigen.

[2] zu beziehen: ISO Central Secretariat, Case postale 56, 1211 Genéve 20, Suisse, oder durch den Deutschen Normenausschuß DNA, 1 Berlin 30, Burggrafenstr. 4 – 7.

[3] weitere Auskünfte hierüber kann auf Anfrage der FNBau-Arbeitsausschuß „Bautoleranzen und Baupassungen", 1 Berlin 30, Reichpietschufer 72 – 76 erteilen.

wird auf die Ursachen der Maßveränderlichkeit als auch auf ihre Auswirkungen eingegangen. ‚Induzierte Abmaße' rühren aus dem Vorgang der Vermessung, der Herstellung und der Genauigkeitsbegrenzung der Meßinstrumente, Geräte und des menschlichen Vermögens her. ‚Inherente Abmaße' weisen im wesentlichen materialbedingte Maßveränderungen aufgrund physikalischer und chemischer Ursachen auf.
Bei den Auswirkungen der Maßveränderlichkeit wird auf die Zweckerfüllung des Gebäudes, auf Montagenotwendigkeiten, auf Standsicherheit, Aussehen und gesetzliche Zulässigkeiten hingewiesen.

ISO-Normenvorschlag:

Toleranzen im Bauwesen – Verfahrensgrundlage für die Vorbestimmung von Passungen (Tolerances for building – Standard method for predicting fit)

In diesem Vorschlag werden die Merkmale der Maßveränderlichkeit sowie die Kombination von zufälligen Varianten und das „Funktionieren" in Bezug auf die Standardabweichung beschrieben.

ISO-Normenvorschlag:

Toleranzen im Bauwesen – Identifizierung von Toleranzen und ihre Verbindung (Tolerances for building – Identification of Tolerances and their relation)

Dieser Vorschlag befaßt sich mit den verschiedenen Toleranzarten und ihrem Verhältnis untereinander. Das daraus entwickelte Toleranzsystem entspricht etwa dem Kapital 2.1.3. dieses Buches. Weiterhin werden die Toleranzen bzw. die Abmaße in ihrer Lage und zum Bezug des Gebäudes und der Bauteile aufgrund dieses Systems beschrieben und definiert.

ISO-Normenvorschlag:

für das Vermessen (International Standard for setting out)

Dieser Vorschlag stützt sich auf schwedische Normen und ist von Schweden zusammen mit der FIG-Kommission 6 und der CIB-Arbeitsgruppe W 49 bearbeitet und eingebracht worden. Er beinhaltet die Terminologie und Darstellungsart von Vermessungspunkten im Baugelände und der Gebäude. Es werden Hinweise der Anwendung, der Übertragung und die zulässigen Maßabweichungen der Vermessungspunkte angegeben.

In Verbindung mit der Toleranzenordnung sind folgende ISO-Normenentwürfe über Bauwerksfugen zu beachten:

ISO/DIS 2444 Fugen im Bauwerk – Begriffe (Joints in building – Vocabulary)

ISO/DIS 2445 Fugen im Bauwerk – Grundsätze für die Planung (Joints in building – Basic principles for design)

ISO-Normenvorschlag Fugen im Bauwerk – Allgemeine Prüfliste für die Funktionen (Joints in building – General check list of function)

In diesen Vorschlägen werden Analysen, Aufzählungen und Begriffserläuterungen akademisch vorgenommen, die insgesamt bei der Anordnung von Fugen infrage kommen. Die Anforderungen beziehen sich auf eine allgemeine Aufzählung der möglichen Erfordernisse ohne definitive Wertfestlegung.